민주주의의 정원

The Gardens of Democracy

좌우를 넘어 새 시대를 여는 시민 교과서

민주주의의 정원

에릭 리우·닉 하나우어 지음

김문주 옮김

The Gardens of Democracy

웅진 지식하우스

이 책에 보내는 찬사들

"《민주주의 정원》은 우리의 경제적 · 정치적 상황을 이해하기 위한 개념적 접근법을 새롭고 신선한 방식으로 제시한다. 또한 오늘날 이루어지는 공적 담론에서도, 이미 굳어져 버린 사상들로부터 우리가 벗어날 수 있게끔 도와줄 것이다."

— 프랜시스 후쿠야마,《정치 질서의 기원 The Origins of Political Order》저자
스탠퍼드 대학교 프리먼 스포글리 국제학 연구소 교수

"리우와 하나우어는 지금까지 우리가 알고 있던 경제와 사회시스템의 작동방식에 대한 상식이 혁명적으로

뒤바뀌고 있음을 매우 흥미롭게 풀어낸다. 그리고 시민 의식과 민주주의, 그리고 정부의 역할에 대한 도발적이고도 고무적인 비전을 제시한다. 읽고 토론한 후 또 한 번 읽어볼 가치가 있는, 얇지만 커다란 포부가 담긴 책이다."

— 에릭 바인하커, 《부는 어디에서 오는가The Origin of Wealth》 저자

"사회는 정원과 같다. 이 단순한 은유를 통해, 저자들은 사회정책의 복잡성과 그 한계를 독자의 눈앞에 펼쳐놓는다. 국가통제주의자들은 유기적 시스템이 가지고 있는 상호 연관성을 이해하지 못하며, 자유시장주의자들은 정원이 돌봐야 할 존재임을 알지 못한다. 현재 우리가 겪고 있는 위험한 정치적 체증에서 벗어날 방법이 궁금하다면, 이 엄청난 책을 읽어보길 권한다."

— 조너선 하이트, 버지니아 대학교 심리학 교수
《바른 마음 : 나의 옳음과 그들의 옳음은 왜 다른가
The Righteous Mind: Why Good People are Divided by Politics and Religion》 저자

"에릭 리우와 닉 하나우어는 언제나 고정관념을 타파하는 진보주의자들이다. 우리가 이 둘의 말에 귀를 기울여야 하는 이유다. 《민주주의의 정원》은 역동적인 사회에서 정부가 맡아야 할 바에 관한 진부한 논의를, 세심하고 창조적이며 혁신적인 방식으로 뒤흔들어 놓는다. 물론 이 책의 내용에 동의할 수 없는 부분이 있을지 모르지만, 그것이야말로 바로 핵심이다. 즉 우리가 알을 깨고 나올 수 있도록 돕는 것이 이 책의 가장 유용한 민주적 임무인 것이다."

— E. J. 디온 주니어,
《왜 미국인들은 정치를 싫어하는가 Why Americans Hate Politics》 저자

"리우와 하나우어는 모든 것을 꿰뚫어본다. 그들은 복잡한 현대세계에서 우리의 경제적·정치적·사회적 시스템이 지닌 적응적이고 상호주의적인 성향을 인지하려면 새로운 사고와 정책이 필요하다는 것을 똑똑히 보여준다. 정말 뛰어난 책이다!"

— 스콧 E. 페이지, 《다양성과 복잡성Diversity and Complexity》 저자
미시간 대학교 복잡시스템 연구센터 이사

"《민주주의의 정원》은 우리가 정치적 문제에 대해 생각할 때 활용하는 바로 그 구분이 우리의 이해와 해결책을 어떻게 방해하는지 확실히 알려준다. 이들은 흡사 진리를 찾아 강 상류로 거슬러 올라가는 정찰대라 할 수 있다. 따라서 우리는 그들의 보고를 무시하는 바보짓을 저질러선 안 된다."

— 마이클 토마스키, 《데모크라시Democracy: A Journal of Ideas》지 편집자

한국의 독자들에게

고백하건대, 2011년《민주주의의 정원》이 출간되던 당시만 해도 우리는 도널드 트럼프Donald Trump가 미국의 대통령이 되리라는 가능성을 전혀 고려하지 못했다. 그러나 한편으로 우리는 또한, 지금의 트럼프 당선으로 인해 이 책에 담긴 생각과 교훈들이 미국뿐 아니라 전 세계적으로도 더욱 시급하고 타당성 있게 다가오리라 확신한다.

최근 한국의 국민들이 증명했듯, 우리는 아래로부터의 시민 권력이 주도하는 글로벌 시대를 살아가고 있다. 시민들은 집중적이고 승자독식적이며 비축적인 권력에 저항한다. 기존 정치세력에 도전하던 트럼프와 버니 샌더스Bernie Sanders의 선거운동이 그러했다. 그 이전에는 아랍의 봄Arab Spring이 그러했다. 브렉시트Brexit가 그러했고, 홍콩의 우산혁명Umbrella Revolution이 그러했다. 그리고 이런 일들은 지금도 계속되고 있다.

이 시점에서 우리는 경제와 정치가 완벽하게 효율적인 영구운동기관이 아니란 걸 다시 한 번 떠올린다. 경제와 정치는 복잡적응시스템이며 여러 가지 변화가 조합된 엄청난 흐름이다. 이들은 정원이다. 그리고 정원에는 정원사가 필요하다. 즉, 씨를 뿌리고 김을 매고 경제와 시민 권력의 생태계를 가꾸어 나감으로써 소수가 아닌 다수에게 이익을 안기려는 의지와 능력을 가진 시민들 말이다.

사실 지금 《민주주의의 정원》을 다시 읽으면서, 우리는 트럼프 행정부가 철 지난 20세기 기계형 사고방식의 논리적 끄트머리를 붙잡고 있다고 해석하고 싶어졌다. 트럼프의 페르소나만큼이나 그의 어젠다는 날것 그대로의 단기적 이기심이 장기적인 관점의 시민의식을 대체할 때 벌어지는 결과라 할 수 있다. 또한 독단적인 정책결정자들이 대중들을 강제할 수 있다고 생각할 때, 즉 제로섬과 공포를 바탕으로 한 결핍적 사고가 국내외 정책을 이끌어갈 때 발생하는 결과이기도 하다.

미래는 그러한 사고방식을 가진 지도자 혹은 대중을 위한 것이 아니다. 미래는 새로운 방식의 시선과 대화와 자치를 꿈꿀 준비가 되어있는 사람들을 위한 것이다. 그리고 그 방식이란 상호의존과 상호협력, 상호이익의 힘을 인지하는 것이다.

이는 당신에게 달렸다. 당신은 알고 있든 모르고 있든 간에, 당신의 민주주의를 가꾸는 정원사다. 유일한 의문은 당신이 능숙하고 생산적인 정원사가 될 것인가의 문제다. 그러기 위해서는 연습이 필요하다. 함께 하는 연습이 필요하다.

우리는 경제와 시민의식과 정부의 역할에 대한 새로운 언어와 새로운 서술을 제시함으로써, 당신과 당신의 시민 동지들이 더욱 통합적이고 진정한 회복력을 갖춘 공동체와 사회를 만들어 나갈 수 있기를 진심으로 바란다.

　그리고 또한, 당신이 알게 된 것을 다음 세대에 전할
수 있길 바란다.

2017년 6월

에릭 리우 · 닉 하나우어

차례

"훌륭한 정원사는
절대 '자연 그대로' 내버려 두지 않는다.
그들은 자신의 정원에 대해
책임을 진다."

정원과 정원사에 관해

정원을 효율적으로 가꾸려면 비옥한 토양과 적당한 일
조량, 그리고 물과 같은 제대로 된 환경이 필요하다.

또한 그 땅에 무엇을 키우고 무엇을 키우지 않을지, 명
확한 기준이 필요하다.

우리가 뿌린 씨앗을 지속적으로 살피고 비료를 주며
양분을 공급하려는 애정 담긴 의지, 그리고 정원에 있어
서는 안 될 잡초에 대한 단호한 의지가 필요하다.

훌륭한 정원사는 절대 '자연 그대로' 내버려 두지 않는
다. 그들은 자신의 정원에 대해 책임을 진다.

또한 날씨와 환경의 변화를 미리 예측하고 이에 맞춰
간다.

아름다운 정원은 지속적인 투자와 개선을 통해서만 유지될 수 있다. 훌륭한 정원사는 흙을 갈아엎고 여러 식물을 바꿔가며 심는다.

인간은 땅에서 태어난 존재다. 아마도 그렇기에 우리는, 훌륭한 정원사가 되려면 어떻게 해야 하는지 직관적으로 아는 것이리라.

※ 일러두기

　본문의 주석은 모두 옮긴이의 것입니다.

제1장

씨앗 뿌리기

정원형 지성 vs. 기계형 지성

실험이야말로 우리의 방식이다.
지금으로선, 진화할 수 있는 유일한 방식이기도 하다.

어쩌면 미국은 하나의 실험장이다. 민주주의의 실험장이자, 여전히 역사상 유례없는 초강대국이다. 그러나 다른 국가들과 마찬가지로, 사람 사는 공동체이자 살아있는 유기적 조직이며 진화의 실험장이기도 하다.

지금까지 미국이 독보적인 국가일 수 있었던 단 하나의 이유는 바로 적응력이었다. 건국 이래 이 나라는 연합규약Articles of Confederation, 미국 최초의 헌법의 흠결, 노예제도라는 흑역사, 악덕 자본가의 득세, 전체주의 세력의 출현 등 내적인 모순과 외적인 위협을 이겨내고 척박한 환경에 맞추어 가며 성공적인 진화를 거듭해왔다.

오늘날 드는 의문은, 우리에게 여전히 적응의 여지가 남아 있는가이다. 우리의 실험은 또 다른 국면을 맞이할 것인가? 아니면 우리 사회가 지닌 진화 능력은 서서히 사그라지는 중인가?

우리는 기후 변화, 부채와 적자, 공교육의 붕괴, 치솟는 건강보험 비용과 중산층의 몰락 같은 이 시대의 험난한 도전에 직면하였으나 이를 해결하는 데는 실패했다. 이러한 실패는 단지 의지나 용기의 부족에서 비롯된 것이 아닌, 생각과 이해의 부족에서 오는 것이기도 하다. 또한 이러한 도전을 해결하는 데에 실패한다는 것은, 그저 정치의 문제가 아닌 생존의 문제가 되기도 한다.

우선 현재, 우리는 양쪽에 좌파와 우파라는 한물간 이데올로기를 두고 그저 제한적인 선택을 하는 데 얽매여 있다. 좌파의 경우, 너무나 많은 이념들이 제1차 세계대전 이전의 혁신주의 시대와 1930년대 뉴딜 시대 사이에 형성된 패러다임에 아직도 갇혀 있다. 그들은 사회문제를 어떻게 다룰 것인지에 대해 상명하달식의 권위적이고 관료주의적인 방식으로 접근한다. 이 국가중심적 접근방식은 중앙집권적으로 산업화가 진행 중이던 당시에는 타당했을지 모르나, 오늘날 네트워크화된 경제와 정치체제 하에서는 적합하지 않다.

우파의 논리는 시대적으로 더더욱 부적합하다. 자유방임주의 경제, 그리고 "나를 밟지 마라"라는 말로 대표되는 시민정신이 바로 그것이다. 이 개념들은 농업인구가 약 300만 명에 달하고 이들 중 일부만이 투표권을 지녔던 1775년 당시에는 꽤 설득력 있었을 것이다. 그러나 다

양하고 상호의존적이며 3억 명 이상의 인구 대부분이 도
시 거주민인 국가에서는, 좋게 보면 순진하고 나쁘게 보
자면 파괴적이기까지 한 생각이다.

결국 지금의 정치는 고리타분한 이데올로기 둘이 너무
나 뻔하고 너무나 정형화된 가짜 싸움을 벌이는 꼴이 되
어버렸다. 의회는 양극화된 거짓 선택지를 두고 잘못된
결정을 내리고 있다. 정치는 이데올로기 자체에 굴복하
고, 정치철학의 길잡이로서의 실용주의를 포기했다. 그
로 인해 우리는 또 날로 적응력을 잃어가는 것이다.

이 책을 통해 우리는 새로운 방식을 제시하려 한다. 우
파와 좌파 사이에서 절충의 방법을 찾으려는 '온건주의
자'나 '중도주의자'로 거듭나자는 것이 아니다. 이 책은
독립적으로 사고하는 이들을 위해 쓰였다. 어느 정당도
지지하지 않는 자들일 수도 있고, 충실한 진보 혹은 보수

---

1   Don't tread on me, 미국 독립전쟁 당시 방울뱀이 그려진 혁명군기에
    쓰인 슬로건으로, 먼저 공격하지 않지만 한번 물리면 치명적인 방울뱀의
    속성에 빗대어 부당한 억압에 항거하는 미국인의 도전정신을 나타낸다.

지지자들일 수도 있다. 분명한 것은, 이 책은 편협한 선택과 오래된 패러다임, 제로섬 승부 등에 갇히는 것이 불편한 이들에게 매우 유용하리라는 점이다.

서로 쌍을 이루는 다음의 주장들을 머릿속에 담아 놓을 수 있다면, 이 책은 바로 당신을 위한 책이다.

- 정부는 너무 많은 돈을 낭비하고 있다. 부자일수록 세금을 더 많이 내야 한다.
- 모든 이들은 양질의 의료 서비스를 누릴 수 있어야 한다. 우리는 이미 너무 많은 돈을 의료보험에 쏟아 붓고 있다.
- 우리는 화석연료 의존도를 줄일 필요가 있다. 우리는 경제가 지속 성장할 수 있도록 해야 한다.
- 노동조합은 우리 경제와 사회의 매우 중요한 일원이다. 노동조합은 지나치게 보호주의의 입장을 견지하고 있으며 상당 부분 개혁이 필요하다.
- 우리는 강한 정부가 필요하다. 우리는 강한 시민이 필요하다.

현대 정치의 담론은 이러한 주장들을 이분법적으로 본

다. 그러나 독립적인 사고의 사람들은 이를 포괄적으로 받아들인다. 우리는 이 책을 통해 큰 정부와 작은 정부, 이기주의와 이타주의, 숨 막히는 집단주의와 시장원리주의 등 현대 정치학이 제시하는 일차원적인 좌파와 우파 간 선택지에서 벗어나는 것을 목표로 삼는다. 그리고 우리가 마주하는 도전들에 대해 교차적인 접근법을 찾아보려 한다. 사람들이 어떻게 변화를 만들어낼 것인가, 경제는 정확히 어떻게 돌아가는가, 그리고 정부는 근본적으로 무엇을 위해 필요한지 다시 한 번 생각해보는 것은 우리 시대가 당면한 도전이자 이 책의 요점이기도 하다. 관점을 바꾸고 이를 통해 우리의 적응력을 향상시키는 것 역시 이 시대에 필요한 도전이다.

역사의 순간마다 사람들은 이미 구축된 사고와 은유와 서사의 틀 안에서 행동한다. 그리고 이러한 이야기의 틀은 사람들이 스스로에 대해 어떻게 생각하는지, 인생을 살면서 무엇을 할 수 있다고 믿는지, 그리고 세상이 어떻게 돌아간다고 보는지를 결정한다. 좀 더 정확히 이야기하자면, '현재'라는 것은 존재하지 않으며 어디에도 그 어떤 추상적인 사회적 현실은 없다. 매 시대, 매 순간마다 문화, 과학, 기술의 영향 아래에서 사람들은 일부 진실은 인정하고 일부 진실은 왜곡하며 사회적 현실을 구성해 나간다. 이러한 틀은 우리가 스스로에게 이득이 된다고 생각하는 것들, 즉 개인적인 측면과 집단적인 측면에서의 사익을 어떻게 추구할지 규정짓는다. 그리고 사회적으로 가능한 일이 무엇인지 정의를 내려 준다.

그러나 이러한 프레임들은 고정되어 있지 않다. 생각의 방향은 가끔 급진적으로 변화한다. 우리에게 무엇이 유리한지에 대한 개념 역시 마찬가지다. 지금 우리는 바로 그러한 변화의 한가운데에 있다. 일련의 고요한 과학 혁명들 덕에 우리는 시스템이라는 관점에서 현상을 바라볼 수 있게 되었고, 또 이해할 수 있게 되었다. 어떤 시스템이 우리의 경제와 사회, 그리고 지속 가능한 생태계를 만들어주는가? 이러한 시스템을 구성하는 요소들은 어떻게 연결되어 있는가? 그리고 이러한 시스템 내의 행위자, 즉 사람들은 어떻게 행동하는가?

이제 우리는 이러한 질문들에 대해 반세기 전보다 한

결 더 쉽게 대답할 수 있게 되었다. 물리적 발견, 행동에 대한 이해, 경험적 패턴에 대한 인식 등을 광범위하게 포함하는 '과학'이라는 관점에서 볼 때, 오늘날 이 세계는 겉으로는 복잡해 보여도 나름 숨겨진 질서에 의해 움직이는 복잡적응시스템complex adaptive system이다. 늘 평형상태를 유지하는 1차원적인 시스템이 아닌 것이다. 이 세계를 구성하는 요소들은 서로 단절된 것이 아니라 네트워크로 엮여있다. 또한 이러한 시스템 안에서 사람은 이성적이고 이기적이며 정확히 계산하는 기계가 아닌, 감정적이고 상호적이며 어림잡으며 살아가는 존재로서 작용한다.

이러한 견해들을 종합함으로써 우리는 강력한 국가가 어떻게 부상浮上하고 적응하고 번성하는지에 대한 새로운 서사를 제시할 수 있다. 이 견해들에 대해서는 후에 더 자세히 묘사할 예정이다.

이러한 문제가 왜 중요한가? 과학이나 지성사를 연구하는 학생이 아님에도 여기에 관심을 가져야 하는 이유는 무엇인가? 어떠한 시대든 상관없이, 은유를 만들어내는 이가 정치용어를 만들어낸다. 한때 찰스 다윈Charles Darwin의 진화론은 사회다윈주의Social Darwinism라는 강력한 이데올로기로 변질되어, 약하고 하찮은 자들은 '정부의 원조를 받으면서까지 생존해선 안 되는 존재'로 취급했다. 이후 정부 관리들은 테일러리즘[2]과 '과학적 관리'를 토대로 사회적 성과를 마음대로 도출해낼 수 있다고 믿었다. 물리학의 평형이론이 시장에도 적용된다는 믿음은 끔찍한 결과를 자아냈다. 정책입안자들이 2008년 금융위기를 전혀 예측하지도, 미리 방지하지도 못했음을 떠올려보자. 앨런 그린스펀Alan Geenspan 전前 미국연방준비제도이사회FRB 의장이 훗날 인정했듯, 당시 지배적이던 경제모델은 인간의 비합리성을 간과했다는 결함을 지녔다.

이는 단순히 경제나 정치의 문제가 아니다. 사물을 이

2   Taylorism, 경영학자 테일러가 제시한 과학적 경영기법으로, 노동 표준화를 통해 생산 효율성을 높이는 체계이다.

해하는 새로운 방식에 대한 상상력과 능력에 관한 문제다. 변화하는 환경과 우리의 행위가 자아낸 결과 속에서 적응하고 진화하는 능력에 관한 문제다. 역사적으로 볼 때, 문명은 결국 '한때 자신에게 성공을 안겨준 방식'에 갇히게 되는 경향이 있다. 즉 문명은 계속 제자리를 맴돌다 스러질 수도, 자리를 박차고 일어나 번창할 수도 있다.

이 책에서는, 지금까지 우리가 너무 오랫동안 '기계형 지성Machinebrain'이라 불리는 시각과 사고방식에 갇혀 있었다고 가정한다. 그리고 새로운 공적 사고의 틀, 즉 '정원형 지성Gardenbrain'이 필요한 때가 왔음을 논하려 한다.

기계형 지성은 이 세계와 민주주의가 시계와 톱니바퀴, 영구운동기관[3], 균형과 평형력counterbalance 등으로 설명 가능한 일련의 기계장치와 같다고 본다. 또한 기계형

---

3   永久運動機關, 한번 외부에서 동력을 전달받으면 더 이상의 에너지 공급 없이 스스로 영원히 움직이는 기계장치.

지성에 따르면 경제는 완벽하게 효율적이며 자정自淨작
용이 자동적으로 이뤄지는 존재다. 기계형 지성은 안정
성과 예측 가능성을 전제하되 때론 수정이 필요하다는
사실을 마지못해 인정한다. 심지어 그러한 정정 행위를
묘사하는 데 쓰이는 '규제regulation'란 단어는 그 어원조
차 규칙에 의한 통제를 의미한다는 점에서 기계적이며,
유감의 뜻마저 내포하고 있다.

　정원형 지성은 이 세계와 민주주의를 얽히고설킨 하나
의 생태계로 본다. 신뢰와 사회자본이 발생하고 소실되
며 경제성장이 그물처럼 엮여 있는 한편, 행동양식은 네
트워크를 통해 퍼져 나간다. 정원형 지성은 경제란 인간
이 만들어낸 존재로, 제대로 구축되어 관리될 때에만 효
율적으로 돌아간다고 본다. 또한 불안정성과 예측 불가
능성을 가정한다. 따라서 계속 씨를 뿌리고 비료를 주며
김을 매어야 하는, 끊임없이 변화하는 시스템을 기대한
다. 즉 정원사가 된다는 건 '그대로 자연에 맡기는' 것이
아닌 '돌봐야 한다'는 의미다. 또한 화초는 잘 가꾸고 잡
초는 솎아내야 하는 책임감을 지녀야 한다. '돌봄'과 '규

제'라는 말은 둘 다 동일한 작업을 가리키지만, 돌봄이란 단어는 이 작업에 '고통스럽다'기보다는 '필수적이고 유익하다'는 의미를 씌워준다.

기계형 지성은 사람들이 톱니바퀴를 구성하는 톱니라고 생각한다. 선거는 정치적 기계에 의해 좌우되고, 소비자는 마케팅 기계에 의해 움직이는 꼭두각시다. 그리고 노동자들은 산업적 기계에 생명선을 잇고 있다. 기계형 지성은 통제와 불변성을 골자로 한 고정된 사고방식이며, 학교와 기업 그리고 감옥에 이르기까지 기존의 기관들 대부분을 이루는 토대다.

정원형 지성은 사람을 역동적인 세계를 구성하는 독립적인 창조자로 본다. 우리의 감정은 서로에게 영향을 주며 개인적인 선택이 모여 대중적인 양식을 이루되, 계획할 수는 있으나 결코 통제할 수는 없는 흐름이 된다. 정원형 지성은 영향력과 진화를 믿고 제한 없이 나아가는 역동적인 사고방식이며 우리 미래의 기초이다.

기계형 지성은 개개인의 이기심을 합리화하면서 대의적인 문제를 무시해도 괜찮다고 말한다. 그리고 빈곤과

환경파괴, 효율적인 시장경제를 추구하는 과정에서 필연적으로 발생하는 무관심 등의 사회악을 용납한다. 기계형 지성은 개개인의 합이 곧 전체라고 보는 환원주의적인 입장을 취하며, 또한 숙명론적이다. 따라서 변화를 규범에서 벗어나는 불필요하고 위험한 일탈로 취급한다.

정원형 지성은 이러한 사회적 악과 우리 사회의 실태를 사람이 만들어낸 방식의 부산물이라 본다. 정원형 지성은 개개인의 합은 전체보다 크다고 보는 전체론적 입장을 취하며, 진화론적이다. 그리고 변화 자체를 규범이자 본질이며 기회의 보고寶庫라고 본다. 이는 곧 인간사회가 번성하려면 적극적으로 정원을 가꿔야 한다는 결론으로 이어진다.

정원형 지성은 모든 것을 바꾼다.

세계가 어떻게 움직이는지에 대해 새로이 이해하고, 그 이해한 내용을 표현해주는 도구가 개발되면서 우파의 극단적 개인주의와 좌파의 역행적 국가주의라는 이데올로기는 점차 약화되고 있다. 과학은 세계가 어떻게 돌아가는지, 우리 각자가 이미 직관적으로 이해하고 있는 내용을 구체적으로 그려내는 데 그 어느 때보다 가까이 접근하고 있다. 우리 대부분은 원초적인 사익을 표방하는 정치풍조와는 정반대로 가족과 친구, 이웃, 고객이 단순한 손익 계산 이상의 무엇인가로 묶여 있다는 것을 본능적으로 안다. 우리는 시장 근본주의의 원리와는 정반대로 산업과 경제는 스스로 통제되는 기계가 아니라는 걸 본능적으로 안다. 또한 우리는 상명하달식 문제 해결 방식에 의존하는 사회는 번영을 추구하기에 너무나 지체되고 적응하기 어려운 모습으로 남게 된다는 것도 안다.

따라서 이 책은 다음과 같이 구성될 예정이다.

우선 사회에 대한 거시적인 이해를 근본적으로 바꿔놓고 있는 인간 지성의 혁명적 변화를 간략히 소개하려 한다. 인간과 그 인간이 운영하는 시스템에 대한 새로운 생각들이 우리의 사익과 공익에 대한 개념을 어떻게 바꿔놓았는지 상세히 살펴볼 것이다. 세상을 이해하는 새로운 방식은 우리가 공익을 어떻게 향상시킬 것인지 생각해보는 새로운 방식으로 완전히 변화해야 하며, 우리의 정치

기계형 지성 vs. 정원형 지성 : 정원형 지성이 모든 것을 바꾼다

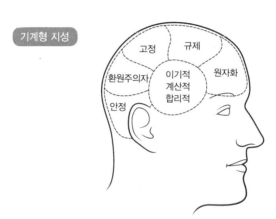

기계형 지성

고정 규제
환원주의자 이기적 원자화
계산적
합리적
안정

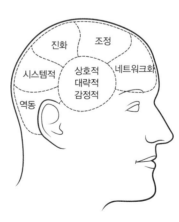

정원형 지성

진화 조정
시스템적 상호적 네트워크화
대략적
감정적
역동

는 반드시 이를 반영해야 한다는 것이 이 책의 주장이다.

전작인 《진정한 애국자 *The True Patriot*》에서 우리는 개인을 사회와 국가보다 우선시하는 것은 도덕적으로 잘못되었다고 주장했다. 이 책에서는, 그러한 행위는 심지어 매우 바보 같은 짓이라고 이야기하려 한다. 우리는 이론과 실제를 통해, 사익을 추구하는 본능은 비생산적이며 진정한 강대국의 지위를 지키려면 자유에 대한 더 큰 그림이 필요하다는 점을 보여주려 한다.

그 다음으로 우리는 이러한 생각과 은유가 우리의 생각하는 방식에 어떻게 영향을 미치는지를 '민주주의의 정원'으로 비유해 분석할 것이다. 민주주의의 정원이란 시민의식·경제·정부라는 공적 생활을 구성하는, 서로 맞물린 유기적 영역을 의미한다.

우리는 이러한 새로운 방식으로 세상을 이해하는 것이 결국에는 시민의식의 표준을 높이리라 본다. 우리의 개인적인 행동이 확산되어 사회를 구성해가는 피드백 루프 feedback loop가 어떻게 작동하는지 더욱 명확해질 것이기 때문이다. 우리는 시민의식을 새롭게 이해함으로써 개인

적으로는 내면의 힘이 더욱 강해지는 한편 우리를 둘러
싼 사회와 네트워크에 더욱 책임감 있는 자세를 갖추게
된다.

그 후 우리는 경제를 복잡적응시스템으로 보는 것이
부의 개념을 궁극적으로 어떻게 흔들고 변화시키는지,
그러한 시각이 어떻게 시작되었는지, 그리고 형평성과
치열한 경쟁이 왜 동맹관계가 되었는지 살펴볼 예정이
다. 설명력explanatory power을 갖춘 새롭고 강력한 은유들
은 우리가 어떻게 경제를 구성해야 하는지에 대한 새롭
고 놀라운 결론으로 이어진다. 우리는 현재의 자본주의
보다 더욱 경쟁적이고 더욱 공정한 '진정한 자본주의'에
대해 논의할 예정이다.

마지막으로, 정부의 역할은 무엇이며 정부는 어떻게
구성되어야 하는지에 대한 질문을 탐구하면서 우리를 둘
러싼 사회시스템과 세계에 대한 새로운 이해를 제안할
예정이다. 우리의 목표는 현대 민주주의 사회에서 정부
가 맡은 역할에 관해 심도 있는 의문을 제기하는 한편,
정부의 올바른 역할을 구성하는 가장 중요한 원칙들을

되짚어 올라가는 데 있다. 정부는 오늘날 진보주의자와 보수주의자들이 생각하듯 칭송받거나 매도당해 마땅한, '저 너머에' 존재하는 대상이 아니다. 마지막 장을 통해 우리는 관여나 기피, 방관이나 냉소를 넘어 자치정부가 실제로 지닌 도시적 의미에 대해 다시 한 번 대화를 나눠 보려 한다. 다양하고 네트워크화된, 독립적이고 도시화된 기술사회는 어떻게 스스로 통치할 것인가?

시민의식, 경제, 정부의 역할이라는 세 가지 주제를 각기 다른 책을 통해 다룰 수도 있다. 그러나 우리의 목표는 이 세 가지가 특히 새로운 사고와 시각에 대한 필요성을 바탕으로 연결되어 있음을 정확히 보여주는 데에 있다. 이번 책의 분량을 조절하면서 우리는 우리가 관점에 있어서 세부적인 내용들을 바꿔놓았다는 것을 깨달았다. 우리는 그저 관점이 가장 중요한 시대가 왔다고 믿을 뿐이다.

따라서 우리는 이 책을 마무리하며 성장하고 있는 사회에 필요한 것들, 그리고 개인적인 의미뿐만이 아니라 우리가 적응하고 생존하게 해주는 집단적인 힘으로서의 자유를 이해하는 데 필요한 것들을 역사적 맥락 속에 적용하기 위해 노력했다. 민주주의와 자본주의에 대한 미국의 유례없는 실험은 약 230년이 넘는 역사를 지녔다. 우리는 더 이상 어린아이가 아니다. 실제로 어떤 이들은 미국이 빠르게 쇠퇴하고 있다고 생각한다. 우리는 이 생각에 전혀 동의하지 않는다. 오히려, 시대의 도전에 맞서 에너지와 열정으로 가득 찬, 전성기를 향해 나아가고 있는 전도유망한 청년이라 본다. 단지 생각과 행동과 인식의 성숙이 필요할 뿐이다. 토머스 제퍼슨 기념관에 새겨진 다음의 글귀는 이러한 정신을 완벽하게 담아냈다. 미국 독립선언서가 낭독된 지 40년이 지난 후이자, 다윈이 《종의 기원》을 발표하기 43년 전에 제퍼슨이 쓴 글이다.

나는 법률과 헌법이 빈번히 바뀌는 걸 옹호하는 사람은 아니다. 그러나 법과 제도는 사람의 생각이 발전하는 바에 발맞추어 나아가야 한다. 생각이 더욱 발전하고 우리가 더 깨우칠수록 새로운 발견을 하고 새로운 진실이 드러나며 방식과 의견은 바뀐다. 또한 환경이 변하게 되면 제도는 그 시대와 속도를 맞추기 위해 반드시 발전해야 한다. 문명화된 사회의 어린 소년에겐 여전히 야만스러운 조상의 영향이 남아 있을지라도, 신사가 되었다면 몸에 딱 맞는 정장을 갖춰 입어야만 하는 것이다.

전작에서 우리는, 독자들이 우리가 제시한 도덕률을 거부하더라도 스스로의 도덕률을 정의내릴 수 있도록 독려했다. 도덕률을 가진 것이 가지지 못한 경우보다 언제나 우월하기 때문이다. 이제 우리는 비슷한 이야기를 하려 한다. 아마도 《민주주의의 정원》에서의 은유와 주장이 잘못되었다거나 불만족스럽다는 생각이 들 수도 있다. 그러나 진지하고 성실한 독자라면 우리 모두가 어떻게 민주주의를 영위할 것인지에 대해 재고해 볼 필요가 있다. 따라서 우리의 이야기 틀이 마음에 들지 않는다면 당신만의 이야기를 들려주길 바란다. 대안을 함께 모색해보자. 실험이야말로 우리의 방식이다. 지금으로선, 진화할 수 있는 유일한 방식이기도 하다.

제2장

다르게 보기

진정한 사익은 공동의 이익이다

생각의 방향은 가끔 급진적으로 변한다.
우리에게 무엇이 유리한지에 대한 개념 역시 마찬가지다.
지금 우리는 바로 그러한 변화의 한가운데에 있다.

무엇이 나에게 유리한가

민주주의에서의 정치란 다양한 방식으로 이해될 수 있 겠지만, 어떤 면에서는 사람들이 자신들의 사익이 달려 있다고 믿는 영역에 대한 표현이라 할 수 있다. 즉, "무엇 이 나에게 유리한가?"라는 질문이다. 유권자들은 심지어 경제적 이득이 아닌 원초적 친근감이나 두려움을 바탕으 로 투표하는 경우도 있다. 이는 유권자들이 돈의 관점이 아닌 원시적인 정체성의 관점에서 사익을 규정했기 때문 이다.이에 대해 언론학자 토마스 프랭크(Thomas Frank)는 저서《왜 가난 한 사람들은 부자를 위해 투표하는가(*What's the matter with Kansas?*)》에 서 공화당에 투표하는 가난한 백인들에 대해 한탄한 바 있다.

이는 유권자들의 어리석음을 증명하는 것이 아니다. 사익의 유연성과 다차원성을 증명하는 것이다. 인간이 스스로에게 유리하다고 생각하는 것을 추구하는 정도는 지금껏 변함없었고 앞으로도 변하지 않을 것이다. 그러 나 무엇이 스스로에게 유리하다고 믿는지는 바뀔 수 있 으며 때론 급작스레 변화할 수도 있다.

이번 장에서 우리는 간단한 문제를 제시하려 한다. 세계가 어떻게 작동하는지 이해하는 가장 인기 있는 방식이 근본적으로 변화하게 되면 사익에 관한 우리의 인식 역시 필연적으로 변화하게 된다. 그리고 결국 우리가 사회를 어떻게 규제할 것인지에 대한 생각도 근본적으로 변화하게 된다.

다음의 예를 잠시 생각해보자.

아주 오랜 세월 동안 사람들은 하늘을 올려다보며 해와 달, 별, 그리고 행성들이 지구를 중심으로 돌고 있다고 생각했다. 매일매일의 관찰을 바탕으로 한 이런 근본적인 가정은 우리가 하나의 생물로서 가진 자아개념과 우리를 둘러싼 모든 것에 대한 해석을 위해 필요한 틀을 형성해 주었다.

그리고 그 가정은 완전히 잘못된 것이었다.

관찰 기술과 과학적 지성이 발전하면서, 사람들은 지구가 우주의 중심이 아니며 계속 팽창하는 복잡하고도 겸허한 우주의 작은 점에 불과하다는 사실을 눈으로 확인하고, 결국에는 받아들이게 되었다. 인간은 우주의 중심이 아니었던 것이다.

여기서, 이러한 과학적 진실에 대한 증거가 언제나 존재하지는 않는다는 점을 잠시 살펴볼 필요가 있다. 그러나 사람들은 중력과 같은 개념 덕분에 궤도가 존재할 가능성을 떠올릴 수 있게 될 때까지 이를 전혀 인지하지 못했다. 새로운 이해는 단순한 관찰을 유의미한 인식으로 바꿔놓았다. 이해가 없는 발견은 근본적으로 전혀 다르게 오독될 수 있다. 새로운 이해는 우리가 상황을 바라보는 방식, 그리고 그 상황과 관련해 자신의 사익을 바라보는 방식을 완전히 바꿔놓는다. 개념은 지각을 결정하고 때론 왜곡한다.

오늘날 대중들은 대부분 우리가 새로운 지성의 시대 한가운데에 있다는 사실을 인지하지 못하고 있다. 최근 수십 년간, 우리가 사는 세계의 시스템적 특성에 대한 과학적·수학적 이해는 혁명적으로 바뀌어왔다.

- 우리는 세계가 안정적이고 예측 가능하다고 이해해왔다. 그러나 지금은 세계가 불안정하고 본질적으로 예측 불가능하

다고 본다.

- 우리는 한 장소에서 벌어진 일이 다른 장소에서 벌어지는 일에 거의 영향을 주지 않는다고 가정해왔다. 그러나 지금은 최초의 선택 때문에 만들어진 작은 차이가 궁극적으로 커다란 변화를 낳게 된다는 것을 안다.
- 우리는 인간이 대부분 이성적이라 가정했었다. 그러나 지금은 인간이 대부분 감정적이라고 본다.

이제 생각해보자. 이러한 새로운 이해의 변화는 우리가 누구이며 무엇이 우리에게 유리한지 보는 관점에 어떻게 영향을 미칠까?

사익에 대한 근본적인 재정의

전통적인 경제이론을 통해 우리는, 정치에서와 마찬가지로 이기심이 신앙심 다음에 오는 것이라 믿으며 자랐다. 또한 우리는 개인이 다른 사람에게 미칠 영향을 고려할 필요 없이, 이성적으로 자신의 사익을 극대화할 때 시장은 가장 효율적으로 돌아간다고 배웠다. 개인과 정당이 사익을 공격적으로 추구할 때 민주주의가 가장 기능적으로 작동한다는 것이다. 이 두 가지 예시에서 우리는 '보이지 않는 손'이 이러한 사익 간의 무자비한 충돌과 경쟁을 더 큰 이익으로 바꿔놓는다고 배웠다.

이러한 가르침의 반은 옳다. 대부분의 사람들은 실제로 스스로를 돌보며 살아간다. 우리는 이에 대해 아무런 오해도 하지 않는다. 그러나 나머지 반은 잘못됐다. 사람들은 스스로를 돌본다는 의미에 대해 저마다 특별하면서도 특히나 편협한 개념을 가지고 있기 때문이다.

사회적 통념은 사익과 이기심을 합쳐서 취급한다. 사람이 결국에는 자신의 이익을 추구한다는 말은 타당하다. 그러나 모든 거래행위에서 반사적으로 이기적으로 행동하게 된다는 말은 타당하지 않다. 그리고 이 말은 불행하게도 시장근본주의와 자유지상주의적 정치가 주장하는 내용이다. 근본적으로는 우리의 실제 이익에 반反하게 되는 이기심이라는 딱지 말이다.

이제 한 걸음 물러서 보자.

토머스 제퍼슨이 독립선언문에서 '어떤 진리는 그 자체로 증명된다'고 썼을 당시, 제퍼슨은 영원불멸의 사실을 쓴 것이 아니라 그러한 사실이 존재해야 한다고 주장하는 것이었다. 오늘날 우리는 제퍼슨의 말을 현대적인 거름망을 통해 읽는다. 우리는 그 진리들이 언제나 자명했다고 가정하지만 실은 그렇지 않았다. 제퍼슨이 독립선언문을 쓰던 때보다 이전 시대엔 분명 그러하지 않았다. 1750년부터 1775년 사이 사반세기의 시간 동안 영국에서 건너온 초기 미국인들은 과학과 정치, 종교, 경제 분야의 극적인 변화로부터 영향을 받아 계몽되었다. 이들은 모든 인간은 평등하게 태어났고 하나님으로부터 양도할 수 없는 권리를 부여받았다는 생각을 점차 열린 마음으로 받아들이게 되었다.

이러한 진리들은 제퍼슨이 주창하고 뒤이어 독립혁명이 일어난 후에야 진리로 인정되었다.

우리가 이 이야기를 꺼낸 것은 간단한 예시를 들기 위

해서다. 가끔 역사적으로, 인간의 천성과 인간사회의 특성에 대한 새로운 진실들이 등장한다. 그러한 전형적인 변화들은 서서히 쌓이다가 갑자기 쏟아진다.

무엇이 사익을 구성하는가에 대한 지배적인 아이디어들에서도 분명 마찬가지다. 사익은 우리가 객관적으로 정의내리고 끝까지 가지고 갈 수 있는 고정된 실체가 아닌 것으로 드러났다. 사익이란 변형 가능하고 문화적으로 체화되는 개념이다.

생각해 보자. 계몽주의 시대 이전의 평범한 농노는 자신의 운명이 미리 정해져 있다고 믿었다. 그는 인생의 가용범위는 자신이 태어났을 때의 지위에 의해 결정지어진다고 숙명론적으로 이해하고 있었다. 이 농노가 생각하는 사익이란 개념은 자기 주인이 추구하는 사익의 범위 안으로 한정되었다. 그의 신분은 고정적이었으며 전통과 사회적 관례에 의해 더욱 강화되었다. 그리고 더 나은 삶에 대한 희망은 내세에나 가능한 것으로 믿었다. 그런데 계몽주의 시대 이후 모든 것이 바뀌었다. 사람들은 스스로가 운명의 주인이라고 믿었다. 내세의 행복을 걱정하는 대신 현생의 모든 것이 나아질지를 걱정했다. 또한 정해진 운명 이상으로 나아가고자 하는 의욕으로 가득차 있었다. 그리고 인생에서 무엇을 할 수 있는지에 대한 고정관념에 회의적인 경향이 있었다.

계몽주의로 인한 과학적, 철학적, 정신적, 물질적, 정치적 혁명이 이뤄졌다. 교리의 자리엔 이성이, 숙명의 자리엔 능동적인 힘이, 순종 대신 독립성이, 미신 대신 과학적 방법이, 성스러운 예정설 대신 인간의 야망이 자리하게 되었다. 이러한 변화를 이끌어가는 것은 새로운 물리학과 수학이었다. 이 두 학문은 이 세계가 합리적이고 선형이며 인간의 지배하에 있다고 본다.

그 당시 과학은 엄청난 설명력과 예측력을 가졌다. 그리고 사익을 개념화하는 완전히 새로운 방식을 만들어냈다. 이제 개인은 스스로의 기지를 바탕으로 스스로를 돌보는 존재로 인정과 기대를 받게 되었다. 물리학이 제로섬 충돌의 이야기로 발전하는 한편 인간은 증기력에 대해 이해하고 기계를 만들었다. 그리고 자연선택과 진화에 관한 다윈의 이론이 득세하게 되면서 오랜 전통과 제도가 지녔던 구속력과 인생을 좌우하는 권력은 약화되었다. 새로운 믿음은 모든 학문과 영역을 걸쳐 서서히 침투했다. 사람은 스스로 바뀔 수 있다는 믿음이었다. 그리고 이는 머지않아 '내 할 일은 내가 알아서'라는 또 다른 윤리로 변모했다.

이전까지 우세했던, 시대착오적이고 권력 숭배적이며 수동적인 개념의 사익은 믿기 어려울 정도로 발전했다. 굴레를 벗어난 셈이다. 특히나 드넓은 땅에서 소수의 인구가 역사를 쉽게 바꿔버린 나라 미국은 그 어느 국가보다도 원자화된, 이상적인 개념의 사익이 장악하게 되었다. 스티븐 와츠Steven Watts가 뛰어난 역사서 《공화국의 부활The Republic Reborn》에서 묘사했듯, 미국이 독립한 후 첫 30년 동안 '자수성가에 대한 숭배'가 등장했다. 소유권을 주장하고 부자가 될 수 있는 자유로 떠들썩한 가운데 건국 당시의 시민윤리는 사라져갔다. 두 세기가 지난 후에도 여전히 탐욕을 찬양하고 야망으로 똘똘 뭉친 우리 문화는 사익과 개인주의를 주제로 한 이 오랜 노래를 반복하고 있다.

시간이 갈수록 미국인의 합리적인 이기심은 한때 중세 유럽의 왕들이 지녔던 신성불가침의 권리와 마찬가지로 강력하고 전체적인 이데올로기로 발전했다. 주류 경제에서의 합리적인 이기주의자인 호모 이코노미쿠스Homo Economicus는 친척 격이라 할 수 있는 호모 폴리티쿠스Homo Politicus와 함께 점차 시장과 정치에서 무엇이 정상인지를 결정하게 되었다. 우리는 수백만의 개인이 하는 이기적인 행위가 마법과도 같이 합쳐져서 공공의 이익, 즉 공리를 만들어낸다고 확신했다. 또한 그러한 오만함으로 인해 엄청난 비용을 치러야 했다. 오늘날 사람들을 서로 단절된 로봇으로 취급하고 모든 어려움을 다른 누군가의 문제로 취급하는 법적·경제적 정책이 지배하게 된 것이다. 그리고 2009년 이후 대침체Great Recession 시대를 맞이하면서 우리는 이러한 정책이 지닌 유용성의 한계를 뼈저리게 느끼게 되었다.

그러나 이제는 새로운 이야기가 시작되려 한다.

우리는 두 번째 계몽주의 시대에 접어들고 있다. 그리고 개인적이고 집단적으로 우리를 움직이는 힘을 설명해주는 서사는 지난 과거의 것보다 훨씬 더 세련되어졌다.
1960년대 중반부터 식물학, 생물학, 물리학, 컴퓨터공학,
신경과학, 해양학, 대기과학, 인지과학, 동물학, 심리학,
전염병학, 그리고 경제학에서도 그 체계적인 특성을 이
해하는 방식은 심오하게 발전해왔다. 이러한 분야 전반
에서 발상의 전환은 다음과 같이 진행 중이다.

단순 → 복잡

원자론적 → 네트워크적

평형 → 비평형

선형 → 비선형

기계론적 → 행태론적

효율적 → 효과적

예측적 → 적응적

독립적 → 상호의존적

합리적 계산 → 비합리적 어림잡기

이기심 → 강한 호혜

승-패 → 승-승 또는 패-패

경쟁 → 협력

물론 이러한 변화는 위에 열거한 것처럼 명확하거나 단순하지는 않다. 우리는 여기에 상당히 미묘한 의미의 차이가 응축되어 있다는 걸 인정한다. 하지만 거시적인 관점에서 이러한 변화는 실제적이고 중대하면서도 눈에 보이지 않는 경우가 많다.

단순 → 복잡

첫 번째 계몽주의 시대 환원주의자들은 분류에 열정을 바쳤다. 종을 분류하고 인종을 분류하고 만물의 유형을 분류했다. 그리고 여기엔 예전에는 애매해보이던 것들을 분류하고 단순화하는 미덕이 있었다. 그러나 계몽주의 시대 수학은 생태계나 경제와 같은 복잡한 체계를 묘사하는 데에는 한계를 지녔다. 두 번째 계몽주의 시대는 스콧 페이지Scott Page와 존 밀러John Miller가 그들의 저서《복잡적응시스템》에서 설명했듯 우리에게 복잡함을 이해하는 방법을 제시해준다. 주식시장이든 면역체계이든, 아니면 생물권이든 정치적 움직임이든 간에 그러한 시스템들은 상호작용하는 기관들로 구성되며 상호의존적이고 예측 불가능하게 작동한다. 그리고 개인적인 수준과 집단적인 수준에서 모두 경험을 통해 배운다. 우리 눈에 보이는 패턴들은 고립적인 행동들의 단순한 총합이 아니다. 그리고 이 모든 상호작용들이 보여주는 역동적이고 불시적인 속성을 가진다. 이러한 패턴들이 움직이는 방식은 예측하기 어렵지만 이해할 수는 있다. 우리는 이제 난류 속에서 소용돌이가 어떻게 만들어지는지, 경제행위 속에서 거품이 어떻게 발생하는지 이해할 수 있게 되었다.

원자론적 → 네트워크적

첫 번째 계몽주의 시대는 여러 현상들을 조금 더 작게,

조금 더 낱낱이 나누는 데에 무척 월등했다. 이는 우리를 개별적이고 독립적으로 개념화하는 원자론적 세계관이었다. 두 번째 계몽주의 시대는 '원자는 우리를 구성하지만 우리가 원자는 아니다'라는 것을 증명한다. 즉, 우리는 원자론적인 방식으로 행동하는 것이 아니라 엄청난 네트워크와 생태계를 구성하는 상호침투적이고 변화무쌍한 일부로서 움직이는 것이다. 특히, 인간사회는 어마어마한 다수 대 다수의 네트워크로 이뤄져 있다. 이러한 네트워크는 개인으로서의 우리에게, 그리고 우리 집단의 모습과 특성에 우리가 생각하는 것보다 더 커다란 영향력을 미친다. 전 세계 누구든 6단계의 지인만 거치면 서로 연결된다는 '6단계 이론Six degrees phenomenon'은 그저 웃고 즐기는 게임이 아니다. 이를 통해 우리는《링크Linked》의 저자 알버트 라즐로 바라바시Albert Laszlo Barabasi가 묘사한 '척도 없는 네트워크scale-free network'의 내용을 더욱 명료하게 이해할 수 있게 된다. 척도 없는 네트워크란 연결 관계가 고르지 않게 분포된 네트워크로, 그러한 불균등함이 사람들의 행동방식을 결정짓는다. 우리 자신을

고립된 주체나 심지어 계층구조상의 구멍으로 생각하기
보다 네트워크의 일부로서 인식하게 되면, 우리의 행동
은 몇 단계 떨어져 있어도 전염력을 가지게 된다. 우리는
모두 좋든 싫든 간에 네트워크 속에 존재하며 동일한 망
의 일부다. 따라서 중동의 석유가 기후변화를 일으키면
서 북아프리카 가뭄의 원인이 되고 이는 식비를 상승시
키며 이 때문에 튀니지의 한 노점상이 분신자살을 하게
되니, 결국 이것이 중동을 발칵 뒤집어놓은 혁명의 불씨
가 되었다는 가정이 가능한 것이다.

평형 → 비평형

오늘날에도 여전히 유효한 고전경제학은 평형상태에
있는 시스템들에 대한 19세기 물리학의 개념에 기대고
있다. 따라서 시스템에 충격이나 투입물이 가해졌을 때
결국 이 시스템은 평형상태로 돌아가게 된다. 양동이 안
에 담긴 물이나 그릇 속에서 움직이는 공, 혹은 질병을

앓은 후 회복기로 돌아가는 신체가 그 예라 할 수 있겠다. 그러한 시스템은 폐쇄적이고 안정적이며 예측 가능하다. 반대로 생태계와 경제, 또는 허리케인이나 페이스북 같은 복잡시스템은 개방적이며 절대로 평형상태에 머물지 않는다. 비평형 시스템에서는 아주 작은 자극이 대격변을 만들어낼 수 있다. 소위 말하는 나비효과Butterfly effect다. 개방적인 시스템의 자연스럽고 새로운 상태는 안정적인 것과는 거리가 멀다. 그보다는 경제적인 호·불황, 거품경기와 급락에 가깝다.《부는 어디에서 오는가 *The Origin of Wealth*》의 저자 에릭 바인하커Eric Beinhocker는 혁신과 부를 만들어내는 발전적인 기회란 이러한 혼란에서 비롯된다고 보았다.

선형 → 비선형

첫 번째 계몽주의 시대는 변화와 관련해 선형의 예측 가능한 모델을 강조했다. 개인적 수준이나 세계적 수준

모두에서 마찬가지였다. 두 번째 계몽주의 시대는 나비 효과, 한번 일정한 경로에 의존하기 시작하면 쉽게 변하지 않는다는 경로 의존성, 초기의 아주 작은 차이가 마지막에서는 커다란 차이를 낳는다는 초기 조건 민감성, 그리고 이에 더해 고高휘발성을 강조한다. 즉, 이는 혼돈과 복잡성, 원인과 결과에 인과관계가 없다고 보는 비선형성을 의미한다. 한때 예측 가능해 보이던 것들이 이제는 예측할 수 없는 것으로 여겨진다.

기계론적 → 행태론적

첫 계몽주의 시대는 경제적 행위조립라인와 사회적 조직정치기계, 그리고 정부의 역할정비공이나 시계공의 역할에 대한 은유의 생성을 통해 '안정적이고 명령에 따라 움직이는 기계'라는 개념을 만들어냈다. 두 번째 계몽주의 시대는 사람들이 독립적으로 일을 어떻게 처리하는지를 연구하는 것이 아니라 상호의존적으로 어떻게 행동하는지에 초

점을 맞춘다. 칼럼니스트 데이비드 브룩스David Brooks는
저서 《소셜 애니멀Social Animal》을 통해 '행동은 전염되며
가끔 이런 전염은 무의식적이고 예측 불가능하게 이뤄진
다'고 묘사했다. 또한 개인적인 선택이 갑작스럽게 사회
적 변화의 커다란 파도가 되어 휘몰아칠 수 있다고 주장
했다.

효율적 → 효과적

계몽주의 시대의 은유는 시장을 '기계 같은 효율성'과
매끄러운 수요·공급 간 균형을 통해 운영되는 존재로 개
념화했다. 그리고 이러한 개념은 산업시대에 와서 더욱
확대되었다. 그러나 실제적으로 복잡시스템은 효율성이
아닌 효과에 맞춰 움직인다. 또한 완벽한 해결책이 아닌
적응적이고 회복탄력성이 높으며 '만족스러운' 해결책을
추구한다. 이는 레이프 사가린Rafe Sagarin이 학제 간 연구
인 〈자연안보Natural Security〉를 통해 얘기했듯 자연이 움

직이는 방식이며, 사회체계와 경제체계가 움직이는 방식
이기도 하다. 끊임없이 변화하는 도전적인 환경 속에서
진화는 효과적이면서 지금 이 순간 만족스러운 해결책들
을 거침없이 내놓는다. 효과성은 때론 비효율적이고 엉
망이기 일쑤다. 그리고 한 시대에 잘 맞는 시스템이 다른
시대에는 잘 맞지 않는 것처럼, 언제나 생명력이 짧다.

예측적 → 적응적

첫 번째 계몽주의 시대와 그 후 이어지는 기계시대는
투입물로부터 산출물을 예측할 수 있다고 가정했다. 두
번째 계몽주의 시대는 세상을 움직이는 법칙이 복잡 시
스템에 적용되는 원칙과 같다는 걸 인식했다. 그리고 투
입물과 예측 가능성의 문제는 언제나 변화할 수 있는 적
응과 영향력의 문제로 바뀌었다. 복잡한 인간사회에서
개인은 변화하는 환경에 따라 행동하고 적응한다. 그리
고 그러한 적응은 또다시 다음 단계의 행동에 영향을 미

치며 이 과정은 반복된다. 위험성 혹은 결과를 전혀 예측할 수 없다는 점이 의사결정과정의 매 순간마다 더욱 가치를 발하는 유연성과 회복탄력성을 만들어낸다.

독립적 → 상호의존적

계몽주의 시대는 우리가 스스로를 개인과 주체로 보도록 이끌었다. 초자연적인 권위에서 해방된 사람들은 스스로 독립적이고 이기적으로 행동하도록 허용되었고 또 기대를 받았다. 이런 놀라운 문화적 변화는 발명과 혁신, 그리고 일상생활에서 기대할 수 있는 자율성에 불을 붙였다. 특히나 미국 초기 개척자들에게 영향을 미친 이러한 사고방식은 우리가 상호의존적이기보다는 독립적임을 강조했다. 한편, 시스템과 인간행동, 심리학에 대한 새로운 이해는 이것이 사실이 아니라는 걸 밝혀냈다. 아주 작은 부분에서부터 우리는 우리 정치나 문화가 일반적으로 제시하는 모습보다 훨씬 더 상호의존적이다. 우리는 언제나 원인이자 동시에 결과다. 다른 사람의 행동을 보기만 해도 내가 행동하는 것과 똑같이 반응하는 신경세포인 거울뉴런mirror neuron과 진화된 사회적 의식은 나의 행동이 타인의 행동에 영향을 미치며 타인의 행동이 나에게 영향을 준다는 것을 의미한다. 이러한 상호작용으로 형성된 순열패턴은 우리 사회의 모습을 형성한다. 그리고 네트워크가 더욱 복잡하고 촘촘하게 연결될수록 이러한 영향력은 더욱 커진다.

합리적 계산 → 비합리적 어림잡기

계몽주의 시대는 과학자들이 인간 본성과 사회적 역학관계에 수학과 물리학을 적용하도록 부추겼다. 그러나 당연하게도 수학과 물리학은 그런 복잡한 작업을 하기엔 부족한 도구였고, 단순화된 가정을 수없이 필요로 했다. 시간이 흐를수록 이런 단순화된 가정에 대한 강요는 점차 줄어들었고, 마침내 사람을 합리적인 계산기처

럼 보는 기계적 관점만 남았다. 오늘날의 경제학자들조
차 일반적인 소비자들이 슈퍼마켓에서 토마토와 당근 사
이에서 의사결정을 할 때엔 순현재가치net present value와
위험성에 대해 복잡하고도 즉흥적인 계산을 한다고 가정
한다. 이 호모 이코노미쿠스는 전통적인 경제학의 중심
이라 할 수 있으며 호모 이코노미쿠스가 완벽한 합리성
과 이기주의에 대해 가진 애정은 우리의 정치와 경제에
스며들었다. 반대로, 최근의 행동과학은 우리를 상식으
로 되돌려놓고 있으며 사람들은 가끔 비합리적이거나 적
어도 이성에서 벗어나 감정적이란 점을 일깨워준다. 또
한 우리가 때론 스스로에게 가장 좋은 것이 무엇인지를
모르거나 알고 있을 때조차 그에 따라 행동하지 않는, 기
껏해야 이익을 어림짐작할 뿐인 존재라고 본다. 여기에
서 시장을 예측 불가능하고 비합리적인 방향으로 몰아가
는 두려움과 갈망, 그리고 탐욕과 같은 '야성적 충동animal
spirit'이 설명된다.

이기심 → 강한 호혜

여러 세기 동안 기반을 이뤄온 경제적·법적·사회적 가정은 인간이 선천적으로 너무나 이기적이기 때문에 같은 유전자를 공유한 가족이 아닌 타인을 지원하거나 원조하는 걸 기대해선 안 된다는 것이었다. 이제 인간행동에 대한 연구는 우리 모두의 내면에 협동적인 성향이 자리하고 있다는, 그동안 도외시되던 사실을 강조하고 있다. 사회심리학자 대커 켈트너Dacher Keltner는《선의 탄생 Born to be Good》에서 '인간은 협동과 상호관계와 상호호혜로만 유지되는 사회조직 없이는 생존하거나 진화할 수 없다'고 주장했다. 실제로 우리는 비용을 감당하더라도 집단 내 비협조자를 처벌할 정도로 협동을 선호한다. 이 '강력한 호혜' 정책에는 몇천 년 동안 이어져 내려온 집단행동을 통해 본능적으로 형성된 강한 인식이 반영됐다. 즉 모든 행동은 전염성이 있으며, 선한 일에는 상을 주고 나쁜 일에는 벌을 주는 것이 우리 사회와 우리 자신을 보호하기에 가장 좋은 방식이라는 것이다. 호혜는 연민이라는 감정을 나약한 형태가 아니라 힘의 본보기로 만들어준다. 결국 친사회적인 도덕성은 그저 도덕적이기만 한 것이 아니라 자연스럽고 현명한 것이 된다.

승 – 패 → 승 – 승 또는 패 – 패

계몽주의 시대의 합리주의와 사회다윈주의는 "당신의 이익이 나의 손해"라는 강력한 메시지를 만들어냈다. 사람과 집단이 모두 생존을 위해 투쟁하는 경쟁적 관계처럼 보일수록, 삶은 언제나 승패의 시나리오로 설명되었다. 그러나 두 번째 계몽주의 시대의 과학과 이야기는 오랫동안 이에 상응하던 직관적 상식을 증명했다. 즉 동굴 거주자에서 페이스북 이용자까지, 인간은 진화를 통해 제로섬이 아닌 모두가 승자가 되는 포지티브 섬positive-sum의 자세를 점차 받아들이게 되었으며, 모두가 승리하거나 모두가 패배하는 시나리오를 마련해놓은 사회가 언제나 이긴다는 것이다. 로버트 라이트Robert Wright의 《넌

제로Non-zero》는 문명을 뛰어넘은 이러한 역학에 대해 묘사하고 있다. 건강하지 못한 사회는 고정된 크기의 파이를 두고 제로섬게임과 투쟁을 생각한다. 건강한 사회는 '1+1=3'을 생각하는 한편 파이의 크기가 더 커질 수 있다는 규범에 따라 움직인다. 개방적이고 비평형적인 시스템은 수익을 더욱 증가시키고 부분의 합보다 더 큰 전체를 만드는 시너지를 가졌다. 정치와 경제의 적합한 목표는 이러한 증가하는 수입과 윈윈win-win 시나리오를 극대화시키는 데에 있다.

경쟁 → 협력

전통 경제학의 기본적인 가정은 경쟁이 번영을 만들어낸다는 것이다. 애덤 스미스Adam Smith와 찰스 다윈을 오독하면서 형성된 이러한 관점은 시장의 보이지 않는 손과 자연의 자연도태를 결합해버렸다. 그리고 원자론적인 이기심을 정당화했다. 복합적응적인 인간사회에서 진

화의 힘이 어떻게 작용하는지 더욱 명료하게 이해한다
면, 협력이 번영의 진실한 토대라는 결론을 내리게 된다.
애덤 스미스의 숨겨진 걸작 《도덕감정론A Theory of Moral
Sentiments》을 통독해도 마찬가지다. 협력자들로 구성된
집단은 자연이나 경제활동과 관련해 경쟁을 올바르게 이
해한다. 협력의 방식을 아는, 공감 등의 사회적이고 정서
적인 기술을 가진 집단은 그렇지 않은 집단을 물리칠 수
있다. 오직 협력만이 공생적인 넌제로의 성과를 만들어
낼 수 있기 때문이다. 그리고 이러한 넌제로 성과는 신뢰
와 협력에 의해 발생하고 추진될 수 있으며 영원히 계속
되는 경제적 성장과 사회적 건강이라는 피드백 루프를
만들어낸다.

이제, 사익과 관련해 우리 모두가 해야 할 일은 무엇
인가?
그 답은 '모든 것'이다. 우리의 예전 세계관은 사익에
대한 원시적이고 편협한 관점을 탄생시키고 다음과 같은
생각을 불어넣었다.

- 누군가에게 직접적으로 해를 끼치지 않는 이상 나에게 유리한 일은 무엇이든 할 수 있다.
- 당신의 손해는 나의 이익이다.
- 세상은 가장 건강한 이들의 생존 싸움이며 강한 자만이 살아남을 수 있다.
- 극렬개인주의가 승리한다.
- 미국은 자수성가한 사람들의 나라다.
- 자신의 일은 자기가 알아서 한다.

최근까지 이러한 믿음, 즉 우리가 적당히 '합리화'라고 부르는 이 생각들은 심지어 과학과 자연의 법칙을 참조해가며 그럴듯하게 지지를 받아왔다. 그러나 이제는 이 부분에 관심을 가지는 이들을 상대로 더 이상 억지주장을 할 수 없게 되었다. 오늘날, 발생과 복잡성과 선천적인 인간행동에 대한 우리의 지식을 바탕으로 사익에 대한 완전히 다른 이야기가 형성되고 있으며 이는 다음에 가깝다.

- 남에게 한 만큼 되돌아온다.

- 당신이 잘할수록 나도 잘할 수 있다.

- 세상은 가장 영리한 사람들의 생존 싸움이며 협동하는 사람들만이 살아남을 수 있다.

- 팀워크가 이긴다.

- 자수성가라는 건 없다.

- 하나를 위한 모두, 모두를 위한 하나.

여기서 분명히 짚어보자. 갑자기 성자처럼 극기하자는 이야기를 하는 것이 아니다. 시각을 수정하는 인간에 대해 말하는 것이다. 태양이 지구 주위를 돌지 않는다는 것을 깨달았을 때나, 질병의 원인은 기분이 아닌 세균이라는 걸 알았을 때 그랬듯이 말이다. 우리는 몇천 년 동안 계속되어온 기존의 자기보호본능을 떨쳐버리고 이제야 명료하게 보기 시작한 인간에 대해 이야기하는 것이다. 그리고 '진정한 사익은 공동의 이익이다'라는 단순한 진실을 의미하는 것이다. 생존과 번영의 가능성을 높이기 위한 가장 좋은 방법은 주변사람이 생존하고 번영할 수 있도록 돕는 것이다. 이기심이 세상을 움직이게 만든다는 미신에도 불구하고 인간은 사실 같은 집단에 속한 타인을 돌보도록 진화되고 선택되었으며 그럼으로써 자신을 돌볼 수 있게 된다. 우리 선조들이 그렇게 행동해왔기 때문에 오늘날 우리가 존재하는 것이다. 우리는 '우리 집단'을 정의함에 있어 '다양성이 지닌 장점을 누릴 수 있을 만큼' 넓으면서도 '행동이 닿을 수 있을 만큼' 좁게 규정함으로써 오늘날까지 진화해왔다.

요컨대, 이는 토크빌Tocqueville이 이야기했듯 영리한 사익, 혹은 '적절히 이해되는 사익'에 대한 이야기다. 이타주의나 원초적인 단순한 이기심을 의미하는 것이 아니다. 이타주의는 존경스럽지만 지속적인 도덕 또는 정치 시스템을 뒷받침할 만큼 일반적이지 못하다. 원초적인 이기심은 요령 있는 태도라고 보일 수도 있지만 사실은 자멸적이다. 무분별한 공공자원의 이용이 처음에는 공유지를 황폐화하고 결국은 사람이 피해를 입게 된다는 '공유지의 비극'이 바로 그것이다. 진정한 사익은 공동의 이익이다. 그리고 수렵채집의 시대보다 오늘날과 같은 국제적 기후 변화와 테러, 마약, 대중문화, 마케팅 등의 시대에 더욱 시급하게 요구되는 진실이다.

많은 사람들은 기이한 관점과 제도를 정당화하거나 형체 없는 것들에 희미하나마 확실성을 부여하기 위해 '첨단 과학'을 사용해왔다. 새로운 과학에 대한 우리의 의존도는 거의 순박한 수준이라 결론짓는 것이 나을지도 모르겠다. 또한 우리가 비판하는 기계형 지성의 사고는 그 자체가 과학의 산물이기에, 우리가 제시하는 해결책이 어쩌면 매우 이상하게 비춰질 수도 있다는 것도 알고 있다. 그러나 회의론이 고개를 드는 와중에도 매우 중요한 차이점이 존재한다. 오늘날의 과학은 '과학의 한계'를 입증하는 데에 가장 유용하다는 것이다. 복잡성 이론은 우리가 살아가는 시스템에 대한 지배력을 우리에게 부여해주지 않는다. 그저 시스템이 지닌 본질적인 예측 불가능성과 불안정성에 대해 알려줄 뿐이다. 새로운 관점이 우리의 접근법에 대한 확신을 주는 것은 아니다. 그보다는 우리의 관점이 얼마나 잘못되거나 시대에 뒤떨어졌는지, 그리고 시민사회가 사실적이고 경험적인 변화에 맞춰 변

화하는 것이 얼마나 필요한 일인지 확실히 인지하게 해
준다.

좌파의 중앙계획자와 우파의 시장근본주의자라는 합
리주의자들의 계획이 큰 대가를 치른 자만심으로 연결되
었다면, 새로운 과학의 영향을 받은 공공정책은 이제 지
속적인 겸손함으로 이어져야 한다.

어떤 면에서는 가장 최근의 과학적 지성은 우리가 본
능적으로 이미 진실임을 알고 있는 사실을 다시 한 번 확
인해 줄 뿐이다. 즉, 인간은 어느 누구도 섬이 아니며 누
군가가 자신만의 이익을 추구하면서 그 외 모든 이들을
속이려 든다면 그 사회는 지속이 불가능할 정도로 병들
어 버릴 것이다. 실제로, 장기적인 관점에서든 대의를 위
해서든 간에 눈앞의 이득을 유보한다면 그 사회는 그 만
족을 잠시 미룬 사람에게 보답할 수 있을 정도로 발전할
것이다. 진정한 사익은 공동의 이익이기 때문이다.

사익에 대해 새로운 이야기와 옛 이야기 간에 존재하
는 간극은 마치 대중의 상상력이 변화하듯 그저 철학적
인 호기심의 차이가 아니다. 우리가 국제적인 경제파탄

이나 재앙적인 기후변화, 또는 정치적 체증gridlock 등을 해석하고 이해함으로써 이에 대비하거나 방지하는 방식에서 차이가 나는 것이다. 그리고 우리가 민주주의 사회의 세 가지 기본요소, 즉 시민의식과 경제, 정부에 대해 생각하는 방식을 바꿔놓는다.

한 사회의 시민으로서 사람들과 어울려 살아가고 사회에 기여하는 유능한 구성원으로 산다는 건 무슨 의미일까? 경제의 목적은 무엇이며 자유사회에서 시장은 어떻게 모든 사람들을 만족시키며 운영될 수 있을까? 그리고 정부는 무엇을 위해 존재하는가? 우리는 다음 장에서 이에 대해 분명히 밝히면서 살아있는 생태계로서의 시민의식과 경제, 정부를 생각해보려 한다. 즉 기계가 아닌 정원으로서의 관점, 상호연계성의 총체적인 인지를 요구하면서도 겸손한 태도와 적극적 책임 모두를 보상받을 수 있는 형태 말이다.

제3장

위대한 정원사

행동하는 대로 만들어지는 사회

결국 모든 것은 개인적인 선택이다.
우리의 영향력과 의무에 대해 지속적으로 의식하고, 나쁜 것은 솎아내고,
좋은 것은 심을 줄도 알아야 하는 것이다.

오늘날 누군가를 '좋은 시민'이라 칭할 때, 타인을 돕기 위해 노력한 성인聖人 혹은 자기 자신을 아끼지 못한 바보로 특별하게 취급하는 경우가 허다하다.

즉 어느 쪽이든 좋은 시민이 된다는 건 대부분 사익 너머의, 사익과 대치되는 무엇인가로 여겨진다는 사실이다. 우선 '시민정신'이라는 단어 자체부터가 고리타분하며 1950년대 같은 느낌을 준다. 스카우트 단원들이 봉사 배지를 획득하려 애쓰던 바로 그때, 모두가 친사회적으로 보이려고 노력하던 바로 그 시대 말이다. 옛 시절에 대한 기억은 누군가에게 향수가 될 수도, 누군가에겐 경멸을 불러일으킬 수도 있다. 어찌되었건 그러한 시대는 이미 지나가버린 것으로 보이지만 말이다.

미국은 자원봉사와 자선활동의 수준이 높은 나라다. 그리고 국내외에서 벌어지는 재난에 신속히 대응하는 나라다. 그러나 동시에 오늘날 너무 많은 이들이 "그건 내가 상관할 바 아니다"라는 논리를 바탕으로 일상생활을 영위하고 있다. 이러한 마음가짐은 어떠한 경우에도 개인의 자율성을 최고로 여기는 이데올로기의 근본이자 결과다. 또한 전염되기 쉽고 사그라지기도 쉬운 마음가짐이기도 하다. 따라서 애써 부인否認한 문제점이 다시 그 문제점을 만들어내는 피드백 루프의 일부가 된다.

이번 장에서 우리는 "내가 상관할 문제가 아니다"라는 식의 태도는 더 이상 있을 수 없다고 주장하려 한다. 모든 문제는 동등하다거나 우리에게 동일한 부담을 안긴다고 주장함으로써 모든 논의를 무력화시키려는 것이 아니다. 단지 우리는 위대한 시민의식은 시민생활을 하나의 정원으로 취급해야 한다고 보고 있다. 모든 문제들이 서로 연결되어 있다고 보는 의지와 지속적인 관리가 필요한 정원 말이다.

뛰어난 기업은 기업이 직면하는 모든 문제가 모든 직원의 문제라고 보는 문화를 만든다. 조직생활과 관련해 널리 받아들여지는 진리다. 이런 문화에서 직원들은 문제를 피하기보다는 확인하고 해결하려 경쟁한다. 이러한 방식으로 문제점들은 신속히 인지되고 해결되며 심지어 완벽히 저지된다. 반대로 문제점을 기피하거나 다른 이를 책망하는 기업문화는 필연적으로 내분이 일어나거나 차선책을 택해야 하거나 실패를 경험할 수밖에 없다.

따라서 우리가 그러한 고기능적인 조직문화를 반영한 시민문화를 만들어내야 한다는 것은 보다 분명해진다. 사회가 마주하는 문제점들은 모두의 문제점이 된다. 예상하겠지만, 사실 모든 문제가 모두의 문제인 문화에서는 거의 아무런 문제도 없게 된다.

우리가 잃은 것

오늘날 사회는 시민의 주인의식이 지배적인 문화를 가지고 있지 못하다. 정치학자 로버트 퍼트넘Robert Putnam은 토크빌이 '작은 민주주의 조직'이라 본 볼링리그나 친목단체인 엘크스 클럽Elks Club 등, 한때 자발적으로 생태계를 구성하던 전통적인 시민 결사체들이 몇십 년에 걸쳐 몰락해가는 모습을 기록했다. 이웃에 대한 봉사와 사회적 연계 등 시민사회의 건강을 측정하는 국가적 척도는 모두 1970년대 이후 현저히 낮아졌다.

우리 주변의 수치로 가늠할 수 없는 부분에서 신뢰와 책임감의 누수현상이 느리고 조용히 이뤄지고 있다. 다음 예시를 한번 살펴보자. 찬찬히 짚어보기 전엔 이상하다는 생각이 들지 않을 수도 있다. 오늘날 우리는, 공기업의 임원들이 '거짓말을 하지 않는다'고 보고하기 위해 감사보고서의 발행을 규정한 연방법 아래 살고 있다. 어쩌면 당신은 버스터미널에서 한 학생을 다른 학생이 잔인하게 폭행하는 상황을, 사설경비원이 그저 가만히 서서 바라만 보고 있는 데 충격받을 수도 있다. 그리고 그 경비원은 '자신은 법률상 경찰과 같은 개입을 할 수 없다'며 수동적인 태도를 정당화할 것이다. 이제 다음으로 넘어가보자.

우리는 위대한 시민의식이 방금 죽음을 맞이했다고 믿고 싶지 않다. 그보다 한편에는 시장, 다른 한편에는 국가의 손에 끌려 나가 버린 것이라 믿는다. 요즘 너무 많은 사람들이 시민의식에 대한 책임감을 기본적인 법 준수나 배심원 의무, 투표 정도에 한정해서 생각한다. 물론 국민의 절반은 투표조차 하지 않는다.

시장은 시민의식의 위축을 가져온 첫 번째 힘이다. 월마트Wal-Mart 효과가 가장 고전적인 예라 할 수 있겠다. 작은 상점가가 형성된 어떤 마을이 있었다고 하자. 상점 주인들과 고객들은 단순히 경제적으로만 거래하는 관계가 아닌 가족이자 이웃, 사람 냄새 나는 공간이라는 의미에서 관계가 형성되어 있었다. 그후 월마트가 문을 열었다. 그리고 더 싼 가격으로 물건을 팔았다. 또한 편리했다. 월마트는 엄청난 규모와 시장에서의 장악력 덕분에, 직원들에게는 형편없는 월급을 주면서도 경쟁자를 밀어낼 수 있었다.

월마트의 존재는 마을 사람들이 스스로를 소비자라 생각하게 만들었고 사람들은 이웃 또는 친구로서의 정체성을 잃었다. 소비자로서 마을 사람들은 가장 싼 가격으로 물건을 파는 곳으로 향하기 시작했다. 월마트는 번창했다. 작은 상점들은 고군분투했고 종업원을 잘라야 했다. 동네 야구팀에 대한 후원을 끊고 푸드뱅크를 더 이상 지원하지 못하게 되었다. 가게를 운영하던 부부는 커다란 상자에 자리를 비켜주어야 했고 어딘가로 출근하기 시작했다. 삶은 점점 더 정신없이 바빠지고 스트레스로 가득 차게 되었다. 사람들은 이제 자주 만나지 않게 되었다. 한때 마을 사람들이 가졌던 서로에 대한 의무는 점차 사라지기 시작했다. 서로를 보살피고 어울리는 소소한 풍습은 사라졌다. 이런 자유지상주의적 시민의식의 풍경 속에서 시장의 힘은 승리를 거두었고 모두가 더 좋은 거래를 하게 되었다. 그러나 이제 사람들은 여러 의미에서 더 가난해졌다.

위의 예시에서 두 가지 일이 발생했다. 월마트 하나만을 이야기하는 것이 아니다. 사람을 비롯한 모든 것을 감축해야 할 비용으로 취급하는 이데올로기를 의미하는 것이다. 우리가 스스로를 소비자로 볼 때 우리는 시민의식을 까다로운 소비자 집단, 즉 의심 많고 회의적이며 "그게 나에게 무슨 이득이 된다는 거지?"라고 묻는 소비자 운동으로 생각하게 된다. 세계화와 중산층이 느끼는 압박은 이러한 효과를 더욱 가속화시킨다. 결핍의 사고방식과 대침체 시대의 공포와 피해의식의 복합체 속에 내던져진다. 서서히 삶이 시장화되면서 우리의 정치와 시민생활은 왜곡되고 실제적으로 타락하게 된다.

한편 다른 한 축인 국가는 시민행동의 영역에 점점 더 침투하면서 사람들이 서로에게 내주어야 할 공간을 축소시키고 있다. 그저 우리가 해야만 하기 때문에 해왔던 일들을 이제는 다른 사람이 할 일로 보는가 하면, 상식에 맡겨졌던 일들이 이제는 법으로 규제된다. 그동안 시민들이 자체적으로 해결해오던 일들을, 이제는 너무 자주 국가에 위임하는 것이다. 엘리너 오스트롬Eliner Ostrom의 고전 《공유의 비극을 넘어*Governing the Commons*》는 세계 곳곳의 사회에서 벌어지고 있는 이러한 역학에 대해 설명하고 있다.

이를 직접적으로 증명하기 위해, 학교를 대상으로 연구해볼 필요가 있다. 교실이 하나뿐인 19세기의 학교와 조립라인 같은 20세기 고등학교 사이 어딘가에서, 우리는 '학교의 벽은 아이들을 안에 두고 다른 사람들은 밖으로 내보내기 위해 만들어졌다'는 암묵적인 개념을 받아들이게 되었다. 공교육은 점차 관료주의적이고 규정에 얽매이게 되었고 사실상 점점 더 시험을 중심으로 돌아가게 되었다. 이로 인해 부모들이 자식을 특정 교육과정에 진입시키거나 전출시키는 것은 훨씬 쉬워졌고, 동시에 부모나 이웃, 조부모나 멘토가 진실한 통합교육의 일부가 되기는 더욱 어려워졌다.

이제 '교육은 전문적인 교육자의 일'이라는 개념이 공교육 전반에 퍼져 있다. 이러한 개념을 지탱하기 위한 규칙은 계속적으로 생성되고 있다. 이러한 규칙은 타당한 이유로 생겨났을 것이며 선생님들은 분명 존경받을 만한 전문인들이다. 그러나 국가가 우리에게 교육에 대해, 심지어 내 자식의 일이라 치더라도 다른 누군가의 일이나 문제라고 취급할 여지를 주는, 의도치 않은 결과가 발생했다. 공교육에서 문제가 발생했을 때 가족이나 사회가 해결책이나 혁신을 제시하도록 허용되는 경우는 거의 없거나 극히 제한적이 되었다.

이러한 밀어내기와 힘의 변화에서 무엇을 잃게 될까?

하나는 삶의 질이다. 쇠락해버린 마을의 경우, 이웃 간의 끈끈한 정은 사람들이 대형마트로 발길을 옮기면서 사라져 버렸다. 눈맞춤과 접촉, 존재감과 미소는 모두 사그라지고 사라져버렸다. 성채가 되어버린 학교 안에서 어린이들은 사회 속에서 살아간다는 것이 무슨 의미인지에 대해 박제된 경험만을 얻게 되었다. 학교 바깥의 어른들은 어린이들에 대해 어떤 특별한 지원이나 걱정도 하지 않게 되었고 마찬가지로 어린이들도 어른들에게 아무것도 기대하지 않는다. 지금의 학교는 이를 더욱 악화시킨다.

우리가 잃은 것은, 정형화되지 않은 어수선하고 인간적인 상황에서 판단을 내린 후 가능한 한 최선의 결과를 만들어내기 위해 서로를 신뢰하려는 사람들의 의지다. 필립 하워드Philip Howard는 일상생활을 통치하기 위해 법과 규범에 지나치게 의존하는 사회, 규정하고 또 규제하고 "금지하지 않은 부분을 허용한다"고 보는 사회에서 사람들은 권리와 의무를 모두 어떻게 행사하는지 잊는다고 강조했다.

다시 말해, 우리는 시민의식을 잃어버렸다. 법적인 신분으로서의 시민을 말하는 것이 아니다. 우리가 잃은 건, 일상생활 면면에서 친사회적인 방식으로 살아가는 시민의식, 그리고 서로를 돌보는 시민의식이다.

시민의식이란 시장이나 국가 어느 한쪽도 사회를 위해 할 수 없고 또 해서도 안 되는 것들을 제공하기 때문에 중요하다. 시민의식은 그저 투표의 문제가 아니다. 또한 착한 사마리아인의 문제도 아니다. 21세기적인 관점에 따라 우리는 시민의식이 아주 단순하게 말해 공개된 공간에서 행동하는 방식이라고 인정하게 됐다. 여기엔 정중한 태도와 공손한 언어, 그리고 시인 게리 스나이더Gary Snyder의 문장을 빌리자면 "자유의 예절Etiquette of Freedom"과 같은 행동들이 포함된다. 그리고 자녀들에게 다른 사람을 대할 때엔 정직해야 한다고 가르치는 것과 같은 작은 행위들을 아우른다. 지역평의회에 참여하거나 축구코치로 봉사하는 행위들도 이에 속한다. 어떤 장소를 방문했을 때 처음 상태보다 떠난 후가 아름답도록 해야 한다는 의미도 된다. 또한 어려움에 처한 다른 사람을 돕고 도움을 청할 줄 알아야 한다는 의미다. 문제가 발생했을 때 다른 누군가의 책임으로 미루고 싶은 유혹을 이겨낼 수 있다는 의미다.

시민의식에 대한 우리의 인식 한가운데에는 희생의 윤리가 자리하고 있으며 여기에 희생은 반드시 누진적이어야 한다는 믿음이 더해진다. 다시 말해서, 시민이라는 존재는 쉬운 상황에서만 남을 돕고 기여하는 것이 아니라 어려운 상황에서도 동일하게 행동해야 한다. 그리고 기여의 범위는 기여하는 사람의 능력에 비례해서 확장되어야 한다. 누진과세가 무게를 감당할 수 있는 자일수록 많이 감당하게끔 요구하는 것과 마찬가지로, 누진적인 시민 기여도 역시 시민적 역량이 가장 크고 시민문화에서 가장 많은 혜택을 받는 이에게 가장 큰 책임을 부여한다.

시민 정원사

이 책의 도입부에서 우리는 사익에 대한 새로운 이야기를 제시했다. 이 이야기는 극렬한 개인주의의 신화를 말소해 버린다. 자수성가한 사람은 위대한 미국인의 아이콘일 수 있지만 이 역시 동화 속 이야기일 뿐이다. 스스로 일가를 이뤘다는 개인주의자에게 한번 물어보자.
그녀가 당신을 만나러 오기 위해 이용한 도로는 누가 닦
은 것인지 물어보자. 그리고 그녀가 자신의 독립성을 강
력하게 주장하기 위해 사용한 바로 그 언어를 누가 가르
쳐주었는지 물어보자.

시민정신은 우리가 상호의존적이라고 인정하는 것
이다. 그리고 특히나 포용적이고 다민족으로 구성된 시
장 민주주의에서 우리가 사회적 동물로 살아갈 수 있도
록 해주는 가치와 시스템, 기술이 있다고 인식하는 것
이다. 무엇보다도, 시민의식은 프랜시스 후쿠야마Francis
Fukuyama가 '홉스적 오류[4]'라 이름 붙인, 즉 인간들은 개
인으로 출발했으며 나중에 와서야 한 사회에서 무리를
이뤄 함께 사는 것이 유리하다고 합리적으로 계산했다는
몰沒역사적 개념을 거부한다. 실제로 인간들은 아주 처음

---

[4] Hobbesian fallacy, 특정상황에 놓인 특수한 인간의 행위를 근거로 인간
    일반의 본성을 단정하는 오류 .

부터 사회적인 동물이었으며 개인주의는 근대에 와서 생
겨났다.

사익의 오랜 역사는 기계형 지성의 산물이며 이를 통해
기계형 지성은 생명력을 이어갔다. 그리고 사익에 관한
새로운 이야기는 정원형 지성의 전형이라 할 수 있겠다.

기계형 지성은 시민은 하나의 로봇과 같고 아무 생각
없이 서로를 상대로 이익을 추구하며 마치 당구공이 움
직이듯 충돌한다고 보았다. 그리고 시민생활에서 구제불
능의 이기심을 하나의 이익이나 파벌이 또 다른 이익이
나 파벌에 대항하는 견제와 균형의 기계로 바꾼다고 본
다. 기계형 지성은 선의를 탄생시키려는 목적에서 하나
의 악의를 또 다른 악의로 상쇄시킨다. 이는 19세기 초반
부터 미국 정치를 지배한 정치문화이자 시민문화라 할
수 있다.

반대로 정원형 지성은 시민이 우리가 공유하는 작은
땅을 관리하는 정원사라고 본다. 또한 시민은 서로가 서
로에게 영향을 미치는, 더 큰 정원 안에 존재하는 유기체
라고 보기도 했다. 우리는 서로를 형성한다. 그리고 서로

의 선택에 묶여 있다. 우리는 분리된 존재가 아니다. 고린도전서에서 바오로가 말했듯, '눈이 손더러 내가 너를 쓸데없다 하거나 머리가 발더러 내가 너를 쓸데없다 할 수 없는' 것이다. 우리는 몹시도, 그리고 빼도 박도 못할 정도로 상호의존적이다. 우리는 우리의 행위와 선택이 별개인 양 행동할 수 없다. 우리가 이를 인지하기 시작한 이상 우리는 좀 더 큰 책임감을 짊어져야 한다. 모든 것에 대해 말이다.

이러한 이야기가 이상하게 들린다면, 아마도 이는 당신이 살고 있는 사회가 윤리심리학자 조너선 하이트 Jonathan Haidt가 만들어낸 머리글자에 따라 WEIRD[5]하기 때문일 것이다. 즉, Western서구의, Educated교양 있고, Industrialized산업화된, Rich부유하고, Democratic민주주의적인 사회란 의미다. 또한 하이트는 저서 《바른 마음 The Righteous Mind》에서 미국인이 사물과 사람들 사이의 관계

---

5 weird는 영어로 '기이한, 이상한' 등의 의미를 지니기도 한다.

에 쏟는 관심보다 다른 국가 사람들이 모든 사물의 분리
에 훨씬 더 많은 관심을 쏟아왔다고 밝혔다. 정원형 지성
은 시스템을 전체적으로 본다. 그리고 자율성과 공동체
를 아우른다.

시민적 전염성의 탄생

　그러나 정원형 지성은 우리를 개인으로만 보았던 기존
의 시민의식 이론보다 더 큰 개별적 권력을 주장할 수 있
도록 해주기도 한다. 상호의존적인 관계로 맺어진 삶에
서 가장 중요한 진실 가운데 하나가 '모든 행동은 잠재
적으로 매우 전염성이 높다'는 점이다. 당신이 인정 많고
관대하다면 사회는 인정 많고 관대해질 수 있다. 당신이
폭력적이고 증오에 찼다면 그 사회는 폭력적이고 증오에
넘치게 된다. 당신이 바로 그러한 전염성의 근본적인 원
인이 될 수 있다.

　그 이유는 무엇일까? 왜냐하면 인간은 복사기와 마찬

가지기 때문이다. 철학자 에릭 호퍼Eric Hoffer가 말한 바
와 같이 "사람이 마음 가는 대로 할 수 있다면 보통 서로
를 모방하기 마련"인 것이다. 이는 당신에게 아무런 힘이
없다는 의미가 아니라 당신이 새로운 모방의 사슬이 시
작되는 출발점이 될 수 있으며 매일 모든 행동에 대해 이
미 그리하고 있다는 뜻이다.

사회적 네트워크에 대한 획기적인 책《행복은 전염
된다Connected》를 통해 니컬러스 크리스태키스Nicholas
Christakis와 제임스 파울러James Fowler는 사회적 네트워크
와 우리가 서로에게 미치는 강력하고 놀라운 효과를 기
록했다. 비만부터 홈쇼핑, 행복의 문제까지 여러 사회적
현상들을 탐구하며 그들은 "사회적 네트워크는 우리 삶
의 모든 측면에 영향을 미친다. 멀리 떨어진 누군가에게
벌어진 사건들이 우리 삶의 모습과 우리의 사고방식, 우
리의 욕망, 우리가 병에 걸리거나 죽음에 이르게 될지 여
부를 결정지을 수 있다"라고 말했다.

이는 일반화된 윤리적 계율이라기보다는 사회적 현상
의 보고라고 할 수 있다. 행동 바이러스가 숙주에서 숙주

시민의식 : 기계형 지성의 관점

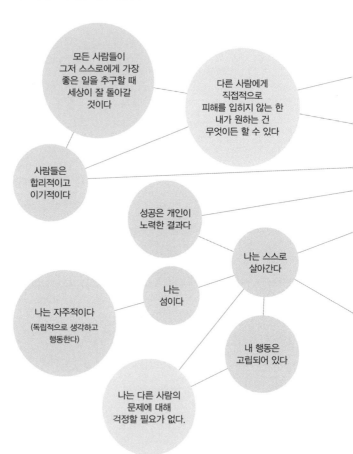

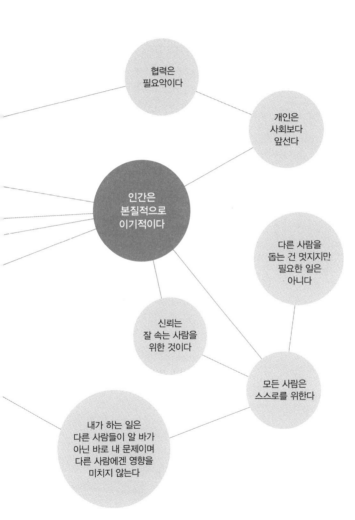

협력은
필요악이다

개인은
사회보다
앞선다

인간은
본질적으로
이기적이다

다른 사람을
돕는 건 멋지지만
필요한 일은
아니다

신뢰는
잘 속는 사람을
위한 것이다

모든 사람은
스스로를 위한다

내가 하는 일은
다른 사람들이 알 바가
아닌 바로 내 문제이며
다른 사람에겐 영향을
미치지 않는다

시민의식 : 정원형 지성의 관점

오직 반사회적
인격 장애만이
하고 싶은 대로
행동한다

협력은
필수적이다

사회가
개인보다
앞선다

다른 사람을
돕는 건 상호적이다.
이를 통해 세계가
움직인다

우리는
모두 함께다

신뢰는
더욱 강한 경제체제와
국가를 만든다

나의 행동은
전염성을 지닌다.
사회는 내가
행동하는 대로
만들어진다

내가 하는/하지 않는
모든 것은 다른 사람에게
영향을 미친다

로 건너가는 모습을 즉각적으로, 아니면 영원히 볼 수 없다고 해서 그 행동이 급증하지 않는다는 의미는 아니다. 행동의 전염은 가차 없다. 대부분의 사람들은 호혜를 매우 중요시한다. 선에는 선으로, 악에는 악으로 되갚으며 특히나 집단의 규범을 강화하기 위해 개인적인 손해를 감수하더라도 기꺼이 악에는 악으로 되갚는다.

그 결과, 어려운 상황 속에서 선한 행동이 소수의 선택이 된다 할지라도 선한 행동을 신봉하는 자들은 마침내 승리하게 된다. 그리고 이들은 어리석어서 그런 선택을 한다기보다는 게임을 장기적으로 보는 선수이기 때문에 그렇게 할 수 있다.

계몽주의 시민의식의 법칙은 우리가 반갑지 않은 사회적 흐름에 대해 그저 불평만 늘어놓지 못하게 만든다. 10대 임신이나 탐욕스러운 월스트리트 CEO들, 또는 스테로이드를 투여한 운동선수에 대한 뉴스를 볼 때, 그 사람들이 국가를 타락시킨다고 말할 수는 없을 것이다. 당신이 비난하는 사회적 흐름에서 멀리 떨어져 있을 수도 없을 것이다. 이는 당신의 문제이기도 하다. 당신 역시 그런 행동의 전염에 기여했을 수도, 아니면 그런 행동을 막을 만큼 기여하지 못했을 수도 있기 때문이다. 어느 쪽이든 간에 당신이 행동에 옮기기 위해서 다른 누군가의 허락이 필요했던 건 아니다.

세상을 네트워크화된 복잡하고 적응적인 존재로 이해한다면 우리의 인식은 달라지게 된다. 모든 사람은 완전히 이타주의적일수도, 완전히 반사회적일수도 있는 매우 넓은 범위의 행동을 한다. 어떤 사람들은 범죄를 저지르기도 하고 정직하지 않기도 하며, 또 다수는 그야말로 사회학자들이 말하는 '무임 승차자Free rider'이기도 하다. 무임 승차자들은 주위환경으로부터 이득을 취할 때 그 이득을 생성하기 위해 쓰인 비용을 지불할 의지를 갖고 있지 않다. 여기까진 잘 알려진 사실이다. 마찬가지로 잘 알려진 사실은, 이들의 행동이 집단에 미치는 불안정한 효과다. 무임 승차자들은 비非무임 승차자들에 반해 초기에는 경쟁력 있는 이득을 얻게 되며 이는 비무임 승차자들에게 압박으로 작용한다. 변칙적인 기업들은 모든 경쟁자들을 바닥으로 끌어들이는 경기를 하도록 만듦으로서 산업을 파괴한다. 무임 승차자들은 다른 시민들이 똑같은 행동을 하도록 하게 만듦으로써 공동체를 파괴한다.

반사회적 행동은 친사회적인 행동보다 더욱 쉽게 전염된다. 무엇이든 끌어내리는 것이 끌어올리는 것보다 쉽고, 선행보다는 악습에 빠지는 것이 쉽다는 동일한 이유에서다. 여기에서 우리에게 주어진 도전은 올바른 종류의 전염성을 어떻게 발생시킬지의 문제다.

시민의 원칙

여기 우리가 친사회적인 시민의식을 제시하기 위한 몇 가지 원칙이 있다. 그리고 이 원칙들은 시민생활을 바라보는 우리의 전염학적 관점을 반영하고 있다.

① 리더십을 가져라 : 새로운 고속도로 건설에 관한 마을회의에 참석했다. 독서과목의 방과 후 교사조합을 이

끌고 있다. 어떤 법안을 지지하기 위해 다른 유권자들을 설득한다. 이러한 것들이 모두 시민의식의 모습이다. 물이 새는 수도꼭지를 잠그는 것도 마찬가지다. 길에 떨어진 사탕껍질을 줍는 것도, 무거운 짐을 진 누군가를 돕는 것도 이에 해당한다. 진정한 시민의식이란 가장 사소한 선택조차 사회를 만들어가고 리더가 될 수 있는 기회라 생각하는 데에 있다. 이는 자신을 내려놓음으로서 사회 전체를 성장시킬 수 있는 습관이다. 이는 그저 모범을 보이는 데에 그치는 것이 아니다. 다른 이들이 당신을 모방하도록 적극적으로 이끄는 행동이다. 복잡적응시스템의 과학은 우리에게 작은 행동들과 일상의 사소한 선택들이 축적되어 티핑 포인트로 발전하게 된다고 가르친다. 우리는 인체의 시스템과 마찬가지로 정치적 통일체의 시스템은 마치 프랙털 도형[6]처럼 서로 밀접하게 연결되어 있다고 믿는다. 가장 얇은 모세혈관들이 비슷한 모양의 동

---

6   Fractal, 전체와 부분이 동일한 모양을 한 도형.

맥망으로 나눠지는 것과 마찬가지로 가장 작은 시민행동
의 길은 정치와 공동체 생활에서 비슷한 패턴으로 드러나
게 된다. 책임감 있는 작은 행동은 자기복제 되고, 무게 위
에 무게를 더하게 되며, 그리하여 친사회적이든 반사회적
이든 간에 모든 행동은 본질적으로는 리더십을 가진 행동
이 되는 것이다. 우리 한 사람 한 사람은 큰 흐름을 상쇄
할 수 있다. 그렇기 때문에 시민의식의 습관과 문화는 사
회적 건강에 유익한 것이 아니라 필수적인 것이 된다. 학
교에서, 가정에서, 그리고 회사와 모든 영역에서, 어른들
은 가장 평범해 보이는 행동들이 지닌 특성에 대해 좀 더
편하게 이야기하고 모방해야만 한다. 그리고 앞으로 더
논의할 내용이지만, 정부들 역시 언제나 시민들이 소소
한 방식으로 책임감을 가질 수 있도록 도와야 한다.

② 네트워크 안의 접속점을 찾아라 : 훌륭한 시민의식
을 격리시킬 대상이 아니라 더욱 빨리 퍼져야 할 전염병
으로 본다면, 우리는 이를 실어나를 초대형 항공모함을
찾아내야만 한다. 여기서 초대형 항공모함이란 각 공동

체의 네트워크상 접속점들을 의미한다. 접속점들은 저마다 그 영향력과 도달범위에 차이가 있다. 그리고 이 접속점들은 우리로부터 전염되길 원한다. 우리는 이 접속점들이 우리가 추구하는 친사회적인 행동을 모방하고 그에 대해 이야기를 나누며 자신들의 네트워크 안에서 보상받도록 해야 한다. 접속점은 눈에 두드러질 필요도, 가장 눈에 띄는 지도자여야 할 필요도 없다. 매 주기마다 사회적 지위와는 상관없이 모방을 통해 문화와 관습을 다음 세대에 전달시키는 역할을 하는, 다른 사람들의 신뢰를 한 몸에 받는 이가 존재한다. 당신이 작은 동네에서 활동하는 사회운동가이든 청소년 단체 활동가이든 마케터이든 간에, 네트워크 지도를 읽은 후 접속점을 알아내고 이러한 접속점을 활성화시키기 위해 교육적이며 설득력 있는 전략을 개발하는 기술을 배우고 가르치는 것이 그 어느 때보다 중요해졌다.

③ 결합하기보다는 연결하는 게 낫다 : 몇몇 사람들에게 시민의식이란 비슷한 성향의 사람들과 무리를 이루는

방식으로 표현된다. 물론 인생을 살면서 이 정도로 만족되는 단계가 있다. 그러나 우리는 사회학자 마크 그래노베터Mark Granovetter가 표현한 '약한 연결의 힘the strength of weak ties'을 믿는다. 시민의식의 생태계를 유지하는 건 진보정당 당원이나 축구팬, 브루클린 주민들과 같이 기존의 이미 강한 연결점들이 아니다. 대신 보수주의자나 야구팬, 혹은 맨해튼 주민들과 같이 새롭게 형성된, 상대적으로 약한 연결점들이다. 화학적이든 물리학적이든 인간적이든 간에 모든 래티스워크[7]에서는 단단한 고리가 또다른 단단한 고리와 엮이면서 전체적인 가치를 극대화하며 네트워크를 더 크고 강력하게 만들어낸다. 또는 로버트 퍼트넘의 표현을 빌리자면 사회적 자본을 연결해주는 것이 결합시키는 것보다 더 나은 방법이다. 훌륭한 시민은 이미 폐쇄된 사람들 간의 유대관계를 강화하기보다는 익숙하지 않은 영역 간에 다리를 놓는다. 결합은 신

---

7   latticework, 직각으로 교차한 직선이나 사선, 곡선 등이 그물처럼 형성된 격자문양 또는 세공.

뢰를 집중시키지만 연결은 신뢰를 확산시킨다. 퍼트넘이 《나 홀로 볼링*Bowling alone*》을 집필하기 오래전부터 말해왔듯, 혈통을 중시하는 남부 이탈리아의 사회적 환경은 개방적인 북부 이탈리아보다 실용적이거나 풍족하지 못하다. '약한 연결고리'를 만들어내는 성향을 개발해야 한다는 관점에서 볼 때, 국제용병제도나 의무적인 전국 민간인 봉사 제도 등의 프로그램은 다양한 민주주의를 위해 매우 필요하다. 이러한 경험들은 일상생활의 동족의식을 통해서는 불가능한 방식으로 우리를 연결해줄 것이다.

④ 소규모로 먼저 움직이자 : 미국 내 극우파 조세저항운동인 티파티Tea Party 현상에 대해 시민들의 무관심과 분노 양측을 모두 부추기는 강력한 힘 중 하나는 거대함과 그 거대함이 낳는 무력감이다. 즉, 거대산업과 거대정부 간의 싸움은 거대 미디어에 의해 보도되고 거대자본에 의해 뒷받침되는 한편 우리 대부분은 방관자로 남게 된다. 이를 해결하기 위해서는 '작아져야' 한다. 시민

의식은 도덕적이고 철학적이지만, 일상생활에서는 사람 대 사람이라는 규모로 적용된다. 모든 문화와 시대를 통틀어 친밀한 공동체의 규모는 언제나 최대 150명을 넘지 않는 선에서 만들어진다. 이 숫자는 이러한 현상을 연구한 문화인류학자 로빈 던바Robin Dunbar의 이름을 따서 던바의 수Dunbar's number라고 불린다. 공공정책이나 사적인 자율조직 모두에서 우리는 150명을 넘지 않는 단위로 나눈 후 큰 무리에 연결되어야 한다. 천 명이 넘는 근린지역이나 거주단지 프로젝트는 진정한 이웃이라 할 수 없다. 근린지역이 100개 가구로 형성된 구역 10개로 구성됐을 때, 그리고 각 구역이 또 다른 구역으로 연결되어 있을 때 이것이 좀 더 이웃이라는 개념에 가까워진다. 거대한 도시와 거대한 국가조직이 시민의식의 불모지를 만들어버린 이래 우리는 전 세계적인 지방분권화를 믿게 되었다. 가능한 한 소규모의 던바 단위를 만들어 각 단위를 인정해주며 서로를 이어주고 때로는 건강한 방식으로 경쟁하게 만들어야 한다. 거대한 국가조직하의 시민행동이 그저 의무를 짊어진 조직구성원으로서 행하는 움직임이라면, 서로 연결된 지역적 네트워크의 지도 자로서 행하는 시민행동은 강력하고 자율적인 힘의 일부가 된다.

⑤ 예의를 잃지 말자: 다른 사람의 필요에 대해 협조적으로 생각하고 따르는 예의는 진정한 시민의식의 출발점이다. 우리는 무인도에서 홀로 살아가지 않는 이상 이를 연습하게 된다. 그리고 그렇기 때문에 우리는 예의바른 태도가 시민생활에서 어떤 의식이나 관례가 아닌 진심 담긴 실천으로서 활발히 장려되어야 한다고 믿는다. 다른 사람을 위해 문을 열어줄 때, 다른 차에 차선을 양보해줄 때, "부탁드립니다"와 "감사합니다"를 말할 때, 당신은 사회생활의 정원에 물을 주는 셈이다. 우리는 이러한 선택에 이름을 붙이고 널리 알려야 한다. 예의는 품위 있고 예스러운 가치를 함축하면서도 시민생태학상 실제적으로 가장 생명력 넘치고 유연한 힘 중 하나다. 예의의 속내에는 잠깐일지라도 스스로를 누르려는 마음이 담겨 있다. 이는 서로에 대한 신뢰를 낳는다.

⑥ 신뢰의 힘을 신뢰하라: 신뢰는 건강한 사회를 만들기 위한 사회적 미덕 가운데 가장 중요하다. 또한 우리는 신뢰가 존재할 때보다 존재하지 않을 때 더 쉽게 눈치 챈다. 시장 행위자는 시민들 상호간의 신뢰를 침해하는 방식으로 행동하면서 '눈먼 돈dumb money'은 그 그릇된 숙명을 받아들여야 마땅하다는 신호를 보낸다. 월스트리트의 은행들이 부동산 호황기에 재정적인 시한폭탄을 돌리며 그랬듯 말이다. 국가는 시민들 상호 간의 신뢰를 침해하는 방식으로 움직이면서 그저 신뢰의 고갈에 반응하는 게 아니라 이에 기여하고 있다. 예를 들어 CEO들의 사탕발림을 그대로 사실로 가정하고 법제화한다든지 교사들에게 교과서의 정해진 페이지를 정해진 일자에 가르치도록 요구하는 것들 말이다. 그 반대로, 위대한 시민의식에서 나오는 모든 행동은 사회적인 신뢰를 비축하는 데에 기여한다. 사람들이 서로를 알게 되고 또 다시 상대와의 만남을 기대하게 되는 장소, 그리고 각 개인이 스스로를 경험의 관리자나 수탁자受託者라 여길 때 삶의 질이 모두를 위해 향상되는 장소 같은 경험을 기획해야 한다. 이

는 바로 동네 도서관과 같은 삶이며 위대한 시민들은 모든 장소가 공공도서관인 듯 행동하게 된다.

다시 말해, 신뢰는 시민의식의 모든 특성에서 발견되는 DNA다. 그리고 리더십 있는 작은 행동들이 수없이 모여 커다란 리더십을 만들어내는 프랙털 효과를 촉진한다. 신뢰는 다른 사람에게 영향을 주는 접속점들에 권한을 부여한다. 신뢰는 약한 연결을 유용하게 만든다. 신뢰는 우리가 시민의식에 대한 인간적 척도를 지켜야 하는 이유다. 그리고 그것이 예의가 중요한 이유다.

하나가 가지는 힘

물론, 우리가 주창하는 네트워크화된 윤리에는 잠재적인 위험성 또한 존재한다. 하나는 개인들이 집단의 한가운데서 목소리와 정체성을 잃어버리는 경향을 의미하는 '하이브마인드hivemind'다. 그리고 또 다른 하나는 집단

괴롭힘이다. 이는 다수가 소수 의견을 압도해버릴 거대한 파도를 일으키는 것이다.

첫 번째 두려움과 관련해, 우리는 집단이 몰아가는 비인간성을 이겨낼 수는 없다. 그러나 우리가 그려내는 시민의식은 비인간적 순응의 반대편에 있다. 누군가 전염의 주체가 되어 새로운 생각이나 행동이 넘쳐흐르도록 물꼬를 틀 수 있다면, 이는 진정으로 권력을 부여받은 상황이 된다. 물론, 이 사람은 복잡시스템이 어떠한지 능숙하게 다룰 수 있어야만 하고, 모든 사람이 다 그런 요령을 가진 것은 아니다. 그러나 우리가 이야기하는 시민의식 속에서 개인은 원자화되고 유아기적인 시민의식 가운데에 있을 때보다 더 많은 힘을 가지며, 전체주의적인 디스토피아와 비교해선 당연히 훨씬 더 큰 힘을 지니게 되는 것이 사실이다. 누군가로부터 현재 우리의 모습이 언제나 영향을 받게 되면서 당연한 결과로 우리는 누군가에게 영향을 미칠 수 있게 된다. 그리고 우리는 이 힘을 전혀 활용하지 못하고 있다.

두 번째 두려움인 다수의 횡포와 관련해, 우리가 가치

를 두는 것은 협력이다. 그리고 협력과 순응 사이에는 결정적인 차이점이 있다. 협력은 차이를 가정하며, 협력행위가 동일성이 아닌 차이점에서 비롯된다는 사실에서 그 윤리적 가치를 찾아볼 수 있다. 그럼에도 우리는 다수가 반사회적 행동을 몰아내는 것은 전적으로 옳은 일이라 믿는다. 문제는 무엇이 반사회적 행동과 친사회적 행동을 구성하는지 분명히 해두는 데에 있다. 반사회적 행동이란 것은 한때 공산주의나 동성애에 꼬리표가 붙여졌듯 '일탈적'이라던가 '다른 사람과 같지 않은' 것을 의미하지 않는다.

당신이 행동하는 방식

한 사람이 쓰레기를 버려도 '괜찮다'는 듯 행동할 때, 다른 사람들도 똑같이 행동하게 되며 쓰레기를 아무데나 버리는 행동은 바이러스처럼 퍼지게 된다. 아니면 다른 예를 한번 들어보자. 당신은 가족, 친구들과 함께 공원에서 음악을 들으며 피크닉을 즐기고 있다. 근처 테이블에 있던 다른 무리가 음악소리를 높인다. 이제 당신은 당신의 음악이 묻히지 않도록 소리를 조금 더 키워야겠다고 느낀다. 그랬더니 다른 사람들 역시 똑같이 느끼고 음악소리를 높인다.

소리에 관한 연구에서는 이러한 현상을 '롬바드 효과Lombard effect'라고 부른다. 사람들이 다툴 때 다른 사람이 내는 소음보다 자신의 소리를 더 크게 들리게 하려고 소음의 정도를 점차 올리는 현상이다. 시민적 롬바드 효과도 있다. 자신이 하고 싶은 대로 하는 운영형태를 보이는 세계선 누구에게나 괴로운 결과가 도출된다. 서로에 대한 예의와 존중을 찾아볼 수 없는 롬바드식 순환이 발생하게 되는 것이다.

우리가 초반에 언급했던 '새로운 과학'에 따르면, 행동이 전염되고 한발 더 앞선 반사회적 행동으로 확산되는 네트워크화된 환경 속에서 이런 소용돌이를 막는 방법은 단 하나뿐이라고 본다. 바로 소용돌이를 막는 것이다. 혹은 다른 방식으로 이야기하자면, 사회는 당신이 행동하는 대로 만들어진다는 걸 인식하는 것이다. 다른 누구도 아닌 당신 자신 말이다.

이는 믿기지 않을 정도로 심오한 이야기다. 사회는 당신이 행동하는 대로 만들어진다고 가정하는 건 당신이 저지른 나쁘거나 이기적인 행동에 대한 비용을 치를 필요가 없다는 사회적 외부효과의 신화에서 완전히 벗어나버리는 것이다. 사회가 당신이 행동하는 대로 만들어진다고 가정하는 것은 당신이 수십억 명 가운데 하나일 뿐이라는 신화, 저 너머 어느 곳에선가 누군가 좋은 사람이 당신이 저지른 나쁜 행동을 상쇄하고 아무런 사회적 해악을 만들어내지 않을 거라는 신화를 저버리는 것이다.

당신이 행동하는 대로 사회가 만들어진다고 가정하는 것은 일상의 아주 작은 리더십이라는 책임감을 가지는 것이다. 이는 개인적인 차원에서의 성격과 미덕이 중요하다고 인정하는 것 이상의 문제다. 이는 공동체의 성격이 머지않아 당신만의 성격을 그대로 반영할 것처럼 행동하는 것이다. 왜냐하면 그렇게 될 것이기 때문이다. 집단적인 성격은 그대로 현실이고 우리가 각각 만들어내는 무엇인가다.

따라서 예를 들어 운전 중에 심한 끼어들기를 당했고 화가 치밀어 오르는 걸 느꼈을 때, 두 가지 시나리오가 가능하다. 첫 번째는 보통 기대할 수 있는 시나리오다. 나머지 시간 내내 그 문제가 된 운전사에게 똑같이 복수하려고 운전하는 것이다. 아니면 그 운전사가 저지른 난폭한 잘못에 대해 다른 이에게 화살을 돌려 내가 끼어들기를 하는 것이다.

다른 대안적인 시나리오는 스스로를 다잡고 한 사람의 무례함에 당신의 무례함을 더하지 않도록 마음먹는 것이다. 이 시점에서 당신이 스스로 무시당한다 느껴지더라도 다른 운전자들은 당신이 앞서 나가도록 양보해주기로 작은 결심을 했다는 걸 깨닫게 된다. 그리고 곧 다른 사람들도 동일한 행동을 하게 될 것이다. 첫 번째 시나리오를 택하는 것은 실질적으로 흔한 이야기고 모든 이들은 고속도로에서 지켜야 할 규칙은 규칙이고 끔찍한 교통정체와 교통 혼잡은 피할 수 없는 결과라고 가정한다. 그러나 만약 우리가 두 번째 시나리오를 택한다면, 교통의 흐름은 좀 더 순조로워질 것이며 교통정체는 일어나지 않을 것이다. 우리는 도착지에 예정보다 빨리 닿게 될 것이다.

이는 단순한 우화가 아니라, 차라리 과학에 가깝다. 복잡 적응시스템을 공부하는 사람들은 두 축동-서와 남-북을 따라 움직이는 컴퓨터 모델을 활용해 이 두 시나리오의 효과를 시연하고 비교해볼 수 있다. 첫 번째 교훈은 다른 사람은 당신이 행동하는 대로 행동한다는 것이다. 두 번째 교훈은 당신이 친사회적으로 행동한다면 당신과 다른 모든 이들을 위한 최종적인 결과는 더욱 좋아진다는 것이다.

이는 상당히 직관에 반대되는 개념이다. 속도를 늦추면 더 빨리 도착하고 지금 양보하면 후에 한발 더 나아가게 된다니 말이다. 다시 말하지만 그 이유는 우리가 사익에 대해 가지고 있는 고질적이고 편협한 생각 때문이다. 앞으로 다시 마주칠 일이 없는 누군가와 단 한 번 거래를 하게 될 때여기에서 우리는 신고전주의적 경제학에서 주장하는 요소들을 이야기하는 것이다 어쩌면 당신은 이 사람을 골탕 먹이는 것이 당신이 이익을 취할 수 있는 가장 좋은 방법이라고 당연히 생각할 수도 있다. 최소한 당신 마음대로 해버릴 수 있다고 생각하는 게 안전할 수도 있다. 당신은 다른

누군가의 문제는 다른 누군가의 문제일 뿐이라고 생각할
것이다.

그러나 거래대상인 사람과 거래가 끝나도 여전히 관계
를 유지하게 된다고 가정해본다면 우리의 생각도 조금
달라질 것이다. 다른 누군가가 당신과 맞대응했을 뿐 아
니라 당신의 행동을 널리 다른 사람에게 알린다 생각했
을 때, 우린 분명 다르게 행동하게 된다. 다른 누군가의
문제가 결국에는 내 문제일 가능성이 높다고 생각한다면
우린 다르게 행동해야만 한다.

이러한 가능성이 바로 현실의 삶이다.

진정한 시민의식에 대한 이러한 관점은 우리에게 어
려운 과제라는 걸 알고 있다. 우리가 지금 제시하는 그림
은 최소한의 어려움만 존재하는 길이 아니다. 우리의 관
점은 사람들이 미래를 위해 서로에게 기대고 관계맺기를
요구한다. 그저 과거에 기대며 모든 걸 흘려보내려는 것
이 아니다. 사실 대부분의 인간은 선택권이 주어졌을 때
참여보다는 편리를 택한다. 그러나 공익에 대한 책임감
을 시장이나 국가에 양도하는 것이 당장은 편리해 보이

반직관적 결과 :
양보 = 전진

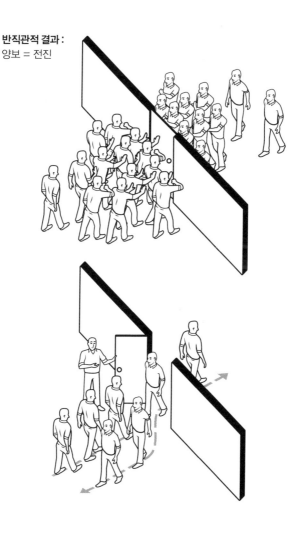

더라도 결국에는 잃는 것이 더 많게 된다. 이는 참정권에 대해 느끼는 중요성 그리고 우리가 가진 힘을 갉아먹는다. 또한 모습을 드러내고 참여하는 것이 불편해 보일 수도 있겠지만 이러한 불편함은 물질적인 이익과 목적의식 있는 삶의 즐거움을 우리에게 부여한다. 왜? 보상을 받거나 위임을 받아 행할 때보다 자유로이 택한 참여는 내적인 동기에서 나오며, 내적인 동기는 돈으로 살 수 없고 법으로 만들어낼 수 없는 행복을 자아내기 때문이다.

그러나 우리에게 '진정한 시민의식'이 주는 가장 큰 과제는 시장과 국가가 점진적이고 때론 감지하기 어려운 방식으로 우리의 시민의식을 몰아내려는 경향을 가졌음을 끊임없이 자각하고 경각심을 가져야 한다는 것이다. 마치 끓이는 물속에서 서서히 죽어가는 개구리 우화처럼 말이다.

우리는 반시장주의자나 반국가주의자가 아니다. 책의 후반부에서 우리가 던지는 좌파와 우파에 대한 비판들은 양측 모두에게 좌절감을 안기겠지만 우리는 생기 넘치는 자본주의와 활동적인 정부 모두를 지지한다. 그리고 시장과 국가 모두가 진정한 시민의식을 발전시키기 위해 맡아야 할 필수적인 역할이 있다고 믿는다. 시장과 국가의 진정한 역할은 길을 닦아주는 것에만 있는 것이 아닌 악을 몰아내고 선이 모이도록 선택 설계[8]를 하고 환경에 신호를 보내는 데에 있다. 그러나 궁극적으로 이 모든 건 가장 개인적인 선택으로 귀결된다. 사회적 전염의 근원으로서 우리의 영향력과 의무에 대해 지속적으로 의식하는 것이다. 앞서 나온 바오로의 말을 가슴에 품고 살거나, 그게 아니라면 훌륭한 정원사처럼 나쁜 것을 솎아내고 좋은 것을 심을 수 있어야 한다.

사회는 당신이 행동하는 대로 만들어진다.

---

8 Choice Architecture, 소비자의 의사결정에 영향을 미치기 위해 선택지의 제시 방법과 그 효과를 설계하는 것.

제4장

진정한 번영

다같이 잘살 때,
비로소 우리는 모두 잘살게 된다

인간은 생각보다 합리적이지도, 계산적이거나 이기적이지도 않기에
그들의 행동은 본질적으로 불온전하고 예측 불가능하며 비효율적이다.
시장은 가끔 틀린다. 우리는 이에 대해 이미 전문가들보다 더 잘 알고 있다.

우리는 대공황 이래 가장 중대한 위기의 시대를 겪으면서 이 책을 구상했다. 2007년에서 2008년, 거대 자본 기관들은 말살되었고 미국인 대부분의 순자산은 붕괴되었으며 세계 경제의 대부분은 주저앉고 말았다.

동시에, 지금은 1929년 이후 보기 어려웠던 수준으로 극단적인 경제적 불평등의 시대이기도 하다. 지난 30여 년간 부富가 유례없이 중시되고 집중되면서 상위 1퍼센트의 계층은 더욱 엄청나게 부유해지는 반면 중산층들은 점점 더 빈곤해지고 있다.

대부분의 사람들을 비롯해 경제학자, 정책입안자들에게 이러한 현상들은 서로 관련이 없어 보일지도 모른다. 사실, 고전적인 경제이론과 현대 미국 경제정책에서는 이들이 어떠한 방식으로든 연계되어 있다는 가능성을 인정하지 않는 듯하다.

이번 장에서 우리는 경제를 복잡하고 적응적이며 상호 연계된 시스템으로 보는 현대적인 관점에 따라 극단적인 불평등과 극단적인 경제혼란이 인과적으로 연결되어 있다는 사실을 증명할 예정이다.

만약 우리가 번영을 널리 공유하는 고성장 사회를 원한다면, 그리고 우리가 이제 겨우 빠져나온 혼란을 다시 만나고 싶지 않다면 근본적으로 우리의 행동이론을 바꿀 필요가 있다. '완벽하고 스스로 교정이 가능한 기계'로서가 아닌, 경제를 하나의 정원으로 생각하기 시작해야 한다.

전통적인 경제이론은 19세기와 20세기의 과학 및 수학적 이해를 근본으로 하고 있다. 단순히 말해, 고전이론은 경제가 자신의 상황을 최적화하려고 노력하는 합리적인 행위자들로 구성된 선형 시스템이라고 가정한다. 산출물은 곧 투입물의 총합이며, 시스템은 폐쇄적이고, 커다란 변화는 하나의 외부적 충격으로서 몰아친다. 이 시스템은 기본적으로 평형상태다. 그리고 지배적인 은유는 기계다.

그러나 경제는 그렇지 않다. 그러했던 적이 없었다. 오늘날 누구나 보고 느끼는 바와 같이, 경제는 비선형적이고 비합리적인 방식으로 움직이며 때론 격렬한 수준으로 움직이기도 한다. 가끔 닥치는 이 격렬한 변화는 외부적 충격이 아닌, 경제가 행동하는 방식에서 새로이 솟아나는 특성이자 피할 수 없는 결과로 받아들여진다.

다시 말해 고전적인 접근방식은 인간의 행동과 천성적인 경제요인을 완전히 잘못 이해하고 있다. 문제는 고전 모델이 그저 학문적인 호기심에서 그치는 것이 아니라 경제와 정부의 역할에 대한 이념적 이야기의 기반이라는 것에 있다. 그리고 이 이야기는 정책수립에 영향을 주고 이기심을 정당화하는 사회통념으로 변화했다.

오늘날에조차, 자유시장주의자와 케인즈 학파 간에는 시장근본주의자의 방식을 두고 논쟁이 펼쳐지고 있다. 정부의 자극적인 계획은 흔히 평형을 되찾기 위한 방식이라고 정당화되며, 본질적이며 최소한이어야 할 정부 역할에서 어쩔 수 없이 일탈한 것으로 포장되는 것이다.

다행히도 우리가 앞서 얘기한 바와 같이 이제는 경제 시스템을 정원과 같은 복잡시스템으로 이해하고 묘사하는 것이 가능해졌다. 그리고 경제 시스템을 그저 생태계와 유사한 것이 아니라 생태계와 동일하게 진화 능력에 의해 움직이는 생태계 그 자체라고 가정하는 것이 타당

하게 되었다. 에릭 바인하커의 《부는 어디에서 오는가》
는 이 새로운 복잡계 경제학Complexity economics과 관련한
가장 뛰어난 연구라 할 수 있다.

　바인하커가 들려주는 이야기는 꽤 단순한 것으로, 다
윈의 이야기와도 다르지 않다. 생태계에서와 마찬가지
로 경제에서도 역시 혁신은 진화와 경쟁적인 압력의 결
과이다. 어떤 경쟁적인 환경이나 소위 '적합도 지형fitness
landscape' 속에서 개인과 집단은 경쟁하고 문제에 대한
해결책을 찾기 위해 협력하며 그러한 해결책에서 나온
결과물을 나눈다. 협력을 위한 가장 성공적인 전략은 널
리 확산되고 증식된다. 그러는 동안 초기의 작은 이익들
은 부풀려지고 고정된다. 불이익들도 마찬가지다. 당신
이 포식자가 되든 먹이가 되든 혹은 포자가 되든 씨앗이
되든 간에 번성할 수 있는 기회는 결합되고 집중된다. 이
기회들은 단단한 한 묶음이 된다. 그리고 결코 균등하게
퍼져 나가지 않는다.

　정원과 마찬가지로 경제는 태양, 흙, 씨앗, 물과 같은
독립적인 요소와 환경으로 이뤄진다. 그러나 정원과는

달리 경제는 모든 주체가 다른 주체의 욕구와 기대에 대해 가지는 기대와 해석을 포함하고 있다. 그리고 인간이 가지는 이러한 기대의 보이지 않는 그물은 끝없이 나선형으로 늘어나면서 외부환경의 원인과 결과가 된다. 따라서 부동산 문제가 이끈 재정적 위기가 발생한 것이다. 복잡계 과학자들은 이를 '피드백 루프'의 관점에서 묘사한다. 금융인 조지 소로스George Soros는 이를 '반사성 reflexivity'이라 불렀다. 내가 원하는 것이 무엇일까를 생각하는 당신에 관해 내가 생각하는 것이, 바로 그 내가 원하는 무엇인가를 바꿔놓는 날벼락 같은 행동을 만들어낸다는 것이다.

전통적인 경제학은 경제가 평형 시스템이라고 간주한다. 즉, 사물은 시간이 흐르면서 안정되고 '정상'으로 돌아간다. 복잡계 경제학은 경제가 정원과 마찬가지로 절대 완벽한 평형이나 정체에 있을 수 없으며, 언제나 자라는 동시에 줄어든다고 본다. 그리고 아무도 돌보지 않은 정원처럼 스스로에게 완전히 떠맡겨진 경제는 건강하지 못한 불균형으로 가는 경향이 있다. 이는 정부가 경제를 위해 무엇을 해야 하는지에 대한 매우 다른 시작점이 되고, 결과적으로 매우 다른 결론을 내놓게 된다.

아인슈타인은 다음과 같이 말했다. "모든 것을 가능한 한 단순하게 만들되 너무 단순하게는 만들지 마라." 고전경제학의 문제는 사물을 너무 단순하게 만들었고 지나친 단순화를 마치 진리인 양 취급함으로써 오류를 더욱 심각하게 만든다는 데에 있다. 고전경제이론과 경제에 대한 사회적 통념의 기반이 되는 가정은 '시장은 완벽하게 효율적이고 따라서 스스로 교정할 수 있다'는 것이다. 이 '효율적인 시장의 가정'은 완벽한 메커니즘을 지닌 물리학에 대한 기계주의 시대의 집착이 낳은 것으로, 직관과 현실을 일치시키기란 쉽지 않다. 또한 경제전문가보다 비전문가들에겐 훨씬 어렵기도 하다. 그럼에도 불구하고 수레바퀴를 돌리는 죽은 자의 손처럼, 효율적인 시장에 대한 가정은 여전히 경제적인 정책 입안에서 모든 걸 조정하고 있다.

만약 시장이 완벽하게 효율적이라고 생각한다면 다음의 가정들은 진실이 된다.

- 시장은 언제나 옳다.
- 시장은 재화와 용역과 이익을 합리적이고 효율적으로 배분한다.
- 시장의 결과물은 본질적으로 도덕적이다. 재능과 가치를 완벽하게 반영하고 있기 때문이다. 따라서 부자는 부자일 자격이, 가난한 자는 가난할 수밖에 없는 이유가 있는 것이다.
- 시장의 결과물을 통제하려는 어떠한 시도도 비효율적이며 비도덕적이다.
- 어떠한 비시장적 행동도 본질적으로 차선책이 된다.
- 불법이 아닌 무엇인가를 해서 돈을 벌 수 있다면 반드시 그것을 해야 한다.
- 의지를 가진 구매자와 판매자가 있는 한 모든 거래는 도덕적이다.
- 완전한 시장실패를 가져오지 않더라도 정부의 모든 해결책은 '나쁜 해결책'이다.

그러나 시장을 제대로 이해하고 있다면, 당연히 시장은 효율적이지 않다는 것을 알게 된다. 소위 수요와 공급 간의 균형은 타당한 추정치를 반영한다 해도 실제로는 존재하지 않는다. 그리고 인간은 합리적이지도, 계산적이거나 이기적이지도 않기 때문에 시장 환경에서 이들의 행동은 본질적으로 불온전하고 예측 불가능하며 비효율적이다. 비전문가들은 이에 대해 전문가들보다 훨씬 잘 알고 있다.

시장은 복잡하고 적응적이며 자연과 동일한 진화능력을 지닌 일종의 생태계다. 자연에서와 마찬가지로 진화는 인간의 문제를 효율적으로 해결할 수 있는 독보적인 방식으로 시장을 만들어간다. 그러나 진화는 그 목적을 알 수 없기도 하다. 시장이 쓰레기 생산을 지향하면서 이를 '좋은 GDP'라고 부를 때, 시장은 진화를 통해 더욱 잘 팔리는 쓰레기를 만들어낼 것이다. 복잡적응시스템으로서 시장은 기계라기보다는 정원과 같다. 이는 곧 다음의 사실들이 반드시 진실임을 의미한다.

- 시장은 가끔 틀린다.
- 시장은 재화와 용역, 그리고 이익을 가끔은 비합리적이고 어느 정도는 맹목적이며 지나치게 우연에 기대는 방식으로 배

분한다.

- 시장의 결과물이 반드시 도덕적인 건 아니다. 심지어 때로는 비도덕적이다. 왜냐하면 벌어들인 가치에 초기 시장의 이점 이나 약점에서 비롯된 불로소득이 활발히 더해져서 반영되 기 때문이다.

- 잘 가꿔진 시장은 훌륭한 성과를 거두지만 그 반대의 경우 스스로를 파괴한다.

- 정원과 마찬가지로 시장은 정부와 시민에 의한 꾸준한 씨뿌 리기와 거름주기, 김매기를 필요로 한다.

- 게다가 시장은 어떠한 식의 성장이 유익한지에 대한 판단을 필요로 한다. 민들레꽃과 헤지펀드가 쉽고 빠르게 성장한다 해서 우리가 무조건 거둬들여야 하는 건 아니다. 어떤 방식 을 통해 돈을 벌 수 있다 해서 그 방식이 사회에 유익하다는 의미는 아니다.

- 민주주의에서 우리는 시장을 형성할 능력뿐 아니라 그에 대 한 기본적인 의무도 지고 있다. 이는 우리 공동체에 유익한 성과를 창출하기 위해 도덕적인 선택과 정부 조치를 통해 이 뤄져야 한다.

이러한 은유와 모델의 변화가 그저 학문적인 의미만 지닌다고 생각할 수도 있다. 다음 사례를 한번 생각해보자. 2010년 최악의 재정위기는 지나갔지만 여전히 그 잔재가 생생하고도 정확하게 남아 있었던 당시, 어디서 무엇이 잘못되었는지 평가하기 위해 서구의 중앙은행장들과 경제학자들 집단이 한자리에 모였다. 당시 은행가는 아니지만 경제의 속성에 대해 심도 깊게 연구해온 한 회의 참석자는 몹시도 충격적인 사실을 맞닥뜨렸다. 바로 정부가 가진 경제모델이 믿기지 않을 정도로 현실과 유리되어 있었기 때문에, 정부가 시장 붕괴의 범위와 속도를 예상하는 데에 실패했다는 것이다.

예를 들어 수많은 중앙은행과 재무부가 사용하던 표준모델인 동태확률일반균형[9] 모델은 은행을 포함하고 있지 않다. 왜냐고? 완벽하게 효율적인 시장에서 은행은 그

[9] DSGE(Dynamic Stochastic General Equilibrium), 경제 한 부문에 환율이나 세율, 통화량 변화 등의 충격이 가해지면 경제 전체가 어떻게 영향을 받는지 분석하는 기법.

저 눈에 보이지 않게 돈을 이리저리 움직이는 창구의 역할을 할 뿐이기 때문이다. 이 모델은 경제에 관한 가정을 세울 때 얼마만큼의 소비자를 고려했을까? 수백만 명? 수십만 명? 아니, 그저 한 명이었다. 시장에서 완벽하게 합리적으로 행동하는, 단 한 명의 완벽하게 '평균적인' 또는 '대표적인' 소비자 말이다. 부동산 경기과열이 전염되면서 촉발된 위기, 채권중개인과 은행들의 병적인 무모함이 부채질한 위기, 무성의한 정부감시단체가 방조한 위기, 대공황 이래 최악의 불황으로 이어진 위기를 마주하며 미연방준비위원회와 서구 중앙은행들은 자신들이 예의 그 경제모델에선 결코 일어나지 않는다던 위기와 싸우고 있다는 사실을 깨달았다.

이는 중앙은행과 경제전문가들만의 폐단이 아니다. 그러한 지적인 배임행위를 사주한 공화당의 정책 탓만도 아니다. 정부를 움직이고 정부가 국가경제에서 그러한 판타지 같은 관점을 가지고 행동하도록 허용한 민주당의 책임이기도 하다. 이들은 20년이 넘는 세월동안 효율적인 시장의 가정을 너무나 믿고 있었기에 그리 행동한 것이었다. 부동산과 금융업이 관련된 곳에서 흡사 신앙을 바탕으로 한 경제가 탄생했다. 합리적인 인간에 대한 신앙, 언제나 상승할 집값에 대한 신앙, 그리고 의자놀이를 하다 음악이 멈췄을 때 혼자 자리를 차지하지 못한 사람이 당신은 아닐 거라는 신앙 말이다.

단호히 말하지만 우리는 반시장주의자가 아니다. 오히려 열렬한 자본주의자다. 시장은 인간사회에 압도적인 이익을 가져다주고 있고 이것이 바로 인간의 문제를 해결해주는 시장의 압도적인 능력이다. 경제에 대한 현대적인 관점은 경제가 진화할 능력이 있는 복잡적응시스템이라고 본다. 이러한 진화능력은 생존을 위한 경쟁이 가능하도록 해주며, 또한 소비자 문제가 해결되는 정도의 결과로서 성공하게 된다. 이러한 이해를 바탕으로 했을 때, 한 사회의 부는 그 사회가 시민들을 위해 가까스로 해결해온 문제의 단순 합이라 할 수 있겠다. 에릭 바인하커는 이를 '정보information'라고 부른다. 바인하커에 따르면 후진적인 '가난한' 사회에는 가능한 해결책이 거의 없다. 부동산 해결책이 제한적이고 의료 해결책도 제한적

이다. 영양에 있어서도, 여가에 있어서도 해결책이 제한
적이다. 정보 역시 제한적이다. 하나의 문제에 대한 하나
의 해결책을 의미하는, 수십만 개의 재고관리코드를 가
진 현대 서구세계의 대형마트와는 무척 대조적이다.

　그러나 시장은 어떤 문제를 누구를 위해 해결하는지
알지 못한다. 시장이 인간의 의학적 도전에 대해 더 많은
해결책을 만들어내는지, 전쟁을 위해 더 많은 해결책을
만들어내는지, 또는 더 많은 해결책을 필요로 하는 구취
같은 문제를 만들어내는지는 전적으로 그 시장의 구조적
결과이며 그 구조는 언제나 인간이 만들어낸다. 우연이
든 계획적이든 말이다. 시장은 복종하는 존재이지 군림
하는 존재가 아니다.

　중국정부는 현재 어마어마하고 확정적이며 전략적
인 투자를 재생가능에너지 산업에 쏟고 있다. 세계 최대
의 인구를 보유한 국가이자 세계 제2위의 경제대국으로
서 환경에 투자하는 것이 그 반대보다 낫다고 결정한 것
이다. 그리고 이를 염두에 두고 시장을 만들어가고 있다.
이로써 중국은 지구온난화를 막으면서도 미래의 경제

적 이익을 안정화시킬 수 있게 되었다. 한편 미국은 정부가 행위할 수 있는 권리에 의문을 갖게 하는 시장근본주의에 사로잡혀 있다. 그리하여 미국이 전략적인 이익을 가장 강력한 경쟁자에게 넘기고 미래에는 더 가난하고 더 허약하며 더 지저분한 자리에 서도록 하고 있는 것이다. 부동산 붕괴문제가 없었다 하더라도, 우리의 혁신적인 에너지가 그저 필요하지도 않는 주택들을 짓고 이런 집들에 대한 모기지를 증권화하는 데에 쓰였다는 사실은 국가가 잘못된 길을 걷고 있다는 것을 의미한다.

이제 미국이 몇십 년 동안 여러 행정부를 거치면서 내 집 마련을 장려하는 막대한 전략적 목표를 세워왔다는 점에 주목해 보자. 그리고 이러한 목표설정에서 우리가 얻은 건 부동산이 이끄는 경제실패라는 점 역시 눈여겨 보자. 목표를 설정한다고 해서 모든 게 끝나는 건 아니다. 그 이후에는 그 목적이 옳은 목적인지, 그리고 목표를 달성하기 위해 너무 많은 비용이 드는 건 아닌지 보기위해 지속적이고 조심스럽게 관여해야 한다. 내 집 마련은 건강한 목표가 된다. 그렇다고 해서 무슨 수를 써서라도 내 집을 마련하는 건 건강한 정책이 아니다. 사람들이 감당할 수 없는 수준의 모기지를 강요하고, 이를 판돈 삼아 카지노를 여는 건 '내 집 마련의 꿈'을 독려하는 유일한 방식이 아니다. 부동산 붐이 이는 동안 정부가 실패한 건 정원을 가꾸는 것이었다. 사행과 약탈, 사기행위를 적절하게 솎아 내었어야 했다.

사회적 통념상 정부는 시장에서 승자를 골라서는 안 되며, 그런 식의 노력은 실패하기 마련이다. 승자를 고르는 행위는 헛고생이 되지만 우리가 할 게임을 선택하는 건 전략적으로 꼭 필요하다. 정원사들은 나무를 자라도록 만드는 것이 아니라 나무들이 울창하게 자랄 수 있는 조건을 조성하는 역할을 한다. 그리고 정원에 무엇이 있고 무엇이 있으면 안되는지를 판단한다. 대안 에너지에 투자할지 여부, 생명과학에 투자할지 여부, 컴퓨터와 네트워크 기반시설에 대한 투자여부 등의 집중이 필요한 판단은 국가가 반드시 결정 내려야 할 필수적인 사항들이다.

이는 승자를 고르는 것이 아닌 게임을 고르는 것이다. 공공부문의 지도자들은 민간부문 전문가들의 조언과 협력을 얻어 무슨 게임에 투자할지 선택하고 그 선택된 게임 안에서 시장경쟁의 진화를 통해 승자가 결정되도록 해야 한다. DARPADefense Advanced Research Projects Agency, 미국방위고등연구계획국, NISTNational Institute of Standards and Technology, 미국표준기술연구소, NIHNational Institutes of Health, 미국국립보건원 그리고 기타 효율적인 정부기관들은 게임을 고른다. 그리고 어려운 도전 과제를 내놓는다. 이들은 시장의 형성을 촉진하고 사적 자본을 끌어들이기 위해 공적자본을 사용한다. 선택을 거부하는 건 전략을 거부하는 셈이며 이는 군사작전에서와 마찬가지로 경제활동에서도 위험하다. 국가는 리더십을 향해 서서히 흘러갈 수 없다. 강력한 '공공의 손'을 통해 시장의 '보이지 않는 손'이 특정한 방향을 향하도록 이끌어야 한다.

기계로서의 시장 vs. 정원으로서의 시장

새로운 방식으로 경제를 이해하는 건 우리의 접근방

식과 정치를 혁신적으로 바꿔놓을 수 있다. 기계적인 모델에서 복잡생태학적인 모델로 변화하는 것은 정도의 문제가 아닌 종류의 문제. 이는 불변성과 예측 가능성을 보장하는 전통에서 진화를 전제하는 마음가짐으로의 변화다. 두 가지 모델을 간략하게 비교해보겠다.

기계적 관점: 시장은 효율적이고 따라서 신성불가침의 것이다.
정원적 관점: 시장은 잘 가꿔져 있을 때 효과적으로 움직인다.

전통적인 관점에서 시장은 신성하다. 왜냐하면 가장 효율적으로 자원과 부를 할당하는 역할을 하기 때문이다. 복잡계 과학은 시장이 가끔은 비효율적이라고 본다. 또한 오늘날 인간이 만들어낸 경제적 방식은 신성한 것이 아니라고 본다. 그러나 동시에 시장이 혁신을 만들어내는 가장 효과적인 힘이며 모든 부를 창출해내는 근원이 된다는 것을 보여 준다. 그렇다면 여기에서 질문은, 가장 많은 수를 만족시키기 위해 그 힘을 어떻게 배분하는가가 될 것이다.

기계적 관점 : 규제는 시장을 파괴한다.

정원적 관점: 시장에 비료를 주고 김을 매지 않으면 파괴된다.

전통주의자들은 어떠한 정부의 간섭도 시장이 추구하는 '자연스럽고' 효율적인 분배를 왜곡한다고 말한다. 복잡계 경제학자들은 시장은 홀로 내버려두면 정원과 마찬가지로 잡초가 너무 무성해지고 영양분교육이나 기반시설 등이 그 예다이 고갈되어 버리면서 결국에는 죽는다고 본다. 또한 시장이 보편적인 부를 전할 수 있는 유일한 방식은 정부가 시장을 보살피는 것이라 본다. 반사회적인 행동을 억제하고 친사회적인 행동을 장려하며 시장이 계속 기능할 수 있도록 돕는 규칙을 시행하는 것이다.

기계적 관점: 소득이 불평등한 이유는 균등하지 않은 노력과 능력이 반영되기 때문이다.

정원적 관점: 불평등은 시장에서 자연스럽게 탄생하고 결합되며 수정이 필요하다.

전통주의자들은 본질적으로 소득 불평등은 부유한 자
들이 가난한 자들보다 똑똑하고 열심히 일하기 때문이라
전제한다. 이는 정부가 불평등을 외면하는 것을 정당화
해준다. 시장을 정원으로 보는 관점 또한 똑똑함과 부지
런함이 불평등하게 배분된다는 사실을 부인하지는 않을
것이다. 그러나 이 관점에서 소득의 불평등은 복잡적응
시스템의 본성과 관련지어 설명이 가능하다. 예를 들어
시장은 이익과 손해가 스스로 강화되면서 집중되는 특성
을 지녔다. 따라서 이러한 집중의 불공정함과 반反생산적
인 효과에 대응하는 정부의 행위가 필요하다.

기계적 관점: 부는 경쟁을 통해, 그리고 좁은 의미의 사익을 좇
는 과정에서 생겨난다.

정원적 관점: 부는 신뢰와 협력을 통해 생겨난다.

전통주의자들은 개인의 이기심을 도덕적 기반으로 본
다. 그러나 복잡계 경제학자들은 억제되지 않는 이기심
의 개념이 사회가 부와 기회를 만들어낼지그리고 이를 공정

하게 배분할지 결정하는 그 무엇을 망친다고 본다. 그것은
바로 신뢰다. 신뢰는 협력을 만들고 협력은 윈 - 윈의 결
과물을 내놓는다. 신뢰가 높은 네트워크는 번성하고 신뢰
가 낮은 네트워크는 실패한다. 그리고 탐욕과 사익이 그
어떤 것보다 미화될 때, 신뢰가 높은 네트워크는 신뢰가
낮은 네트워크가 된다. 아프가니스탄이 바로 그 예다.[10]

기계적 관점: 부 = 개인이 축적한 돈
정원적 관점: 부 = 해결책을 내놓는 사회

전통적 경제학에서 가장 비난받는 한계점 중 하나는
어떻게 부가 생성되는지를 설명하지 못한다는 데에 있
다. 전통 경제학은 부를 단순하게 추정한다. 그리고 돈이
부를 측정할 수 있는 유일한 척도라고 본다. 반대로 복잡

---

10 1979년 소련이 아프가니스탄을 침공한 이후, 무장 게릴라 조직인 무자헤딘
은 꾸준한 저항 끝에 마침내 소련을 몰아내고 무자헤딘 정권을 수립한
다. 그러나 주도권을 사이에 둔 내부 종파 갈등으로 인해, 정권은 4년 만
에 탈레반의 손으로 넘어가게 된다.

계 경제학에서는 부를 해결책이라고 본다. 즉, 문제를 해결하기 위해 적용되는 지식이라는 것이다. 부는 새로운 아이디어가 경쟁적이고 진화적인 환경 속에서 떠올랐을 때, 이를테면 바퀴를 발명하거나 암을 치료할 수 있게 되었을 때 만들어진다. 마찬가지로, 정원의 위대함은 그저 단순히 크기에서 나온 게 아니라 정원에 심어진 나무와 꽃의 다양함과 유용성에서 나오는 것이다.

　다시 말해, 부자가 벌어들인 돈은 사회가 만들어낸 부와 같지 않다. 진심으로 부를 창조하고 싶다면, 부자들을 보호해 그 돈이 아래로 흘러넘치도록 하는 데에 중점을 두어서는 안 된다. 모든 사람이 교육, 건강, 사회적 자본, 재정적 자본에 대한 접근성 등에 있어 공정한 기회를 가지고 있는지 따져 보고 새로운 정보와 아이디어가 만들어질 수 있도록 해야 한다. 혁신은 개인의 천재성이 꽃피도록 허용하는, 그리고 그 천재성이 사회에 기여하도록 협력을 통해 극대화해주는 비옥한 환경에서 솟아난다. 극단적인 부의 편중은 아무도 손대지 않는 잡초가 무성히 자라 정원을 망치듯 사회의 번영을 해친다.

시장에 활기 넘치는 다양한 경쟁자의 수가 많아질수록 부의 창출은 극대화된다. 시합에 내보낼 수 있는, 잠재적으로 '딱 맞는' 선수가 많을수록 당신의 팀이 이길 확률은 더 커진다. 기회의 균등은 그저 도덕적인 의무가 아니다. 이는 경제적인 의무다. 모든 사람이 공정한 기회를 얻고 있는지 확인하는 것은 그저 친절의 문제가 아닌 필수불가결한 것이다. 불행히도 지난 30여 년간 정치는 전례 없는 부의 편중을 조장했고, 이는 기회의 평등을 약화시키며 우리의 잠재력을 총체적으로 제한하게 되었다.

시장 : 기계형 지성의 관점

부자는 부자일
자격이 있다.
가난한 자는 가난한
이유가 있다

시장경제의 성과물은
재능과 노력의 불평등한
분배를 반영한다.
따라서 도덕적이고
공정하다

평등은
독재를
의미한다

시장은 완벽하게
효율적이다

사람들은 합리적이고
계산적이며 이기적이다.
시장은 언제나 옳고
스스로 교정된다

이익의 추구는
도덕적이다. 더 큰
선(善)으로 이끌기
때문이다

번영하는 사회를
만드는 유일한 방법은
사람들의 사익을
이용하는 것이다

정부는
해결책이 아니다.
정부는 문제다

시장의
해결책이
언제나 최고의
해결책이다

사람들을 돕기 위한
정부의 시도는 그저
사람들에게 상처를
줄 뿐이다

내 돈은
내 돈이다

경쟁
=
부의 생성

부는
'위대한 인간'에 의해
만들어진다

자유경쟁시장은
능력주의다

시장의
성과물은
문자 그대로
공정하다

현 시장의 방식은
올바른 방식이다

시장은
스스로 정화되며
그리하도록
허용되어야 한다

돈을
벌 수 있다면
아무래도 좋다

정부의 해결책은
나쁘고 비효율적이며
타락했고 왜곡됐다

정부의
지출과
프로그램은
낭비다

시장 : 정원형 지성의 관점

나의 부는
내가 속한 사회에서
살아간 결과다

시장의 방식은
공정한 경우에만
도덕적인
방식이 된다

시장은
제대로 구축되었을 때
효과적이다

사람들은 감정적이고
어림짐작을 하며 상호
호혜적이다. 시장은
정원과 마찬가지로
가꿔야 한다

기회의 균등은
진정한 경쟁을 만들어주고
사회를 위해 더 많은
부를 창출한다

시장도 정원과
마찬가지로 필요 이상으로
돌보게 될 때도 있다.
너무 많이 솎아 내거나
지나치게 돌보다가는
자라지 않거나 무너져
내릴 수도 있다

시장은
사람이 만든
구조물이므로
반드시 잘 운영되도록
가꿔져야 한다

모든 시민이
효과적으로
경쟁하도록 돕는 것은
정부의 중요한
역할 중 하나다

정부의 역할은
시장의 힘을
친환경적인 방식으로
이용하는 것이다

사회에서
누가 부유하고
누가 가난한가는
주로 이미 정해져 있는
시장의 방식에 의해
결정된다

누진세는
진정한 경쟁을
유지하기 위해
필수적이다

시장의 성과물은
대부분 시장의 힘이
움직이는 방식의 결과다.
성과물은 방식이
공정할 때만 공정하다

시장은
본질적으로
안정적이지
않다

사회에서 부가
창출되는 정도는
다양하고 능력 있는
경쟁자 수에
비례한다

부는 사회의
문제에 대한 새로운
해결책이 탄생한 결과다.
더 많은 해결책
= 더 많은 부

시장은
정원과 마찬가지로
돌보지 않으면
잡초로 뒤덮이게 되고
무너지게 된다

규제 없는 시장은
돌보지 않은 정원과
마찬가지로 언제나
권력과 부의 파괴적인
집중을 가져온다

반경쟁적인 권력과
부의 집중을 막는 것은
정부의 주된
역할이다

불평등과 경제적 위기

1980년 '제한된 정부'와 '트리클다운 경제론[11]'이라는 공약을 내건 로널드 레이건Ronald Reagan의 당선은 중산층에 대한 30년 전쟁의 시작을 알리는 것이었다. 가장 부유한 1퍼센트가 벌어들이는 소득이 전체에서 차지하는 비율은 8.5퍼센트에서 24퍼센트로 늘어났고, 하위 50퍼센트의 미국인은 자신들의 소득 비율이 18퍼센트에서 12.5퍼센트로 줄어드는 걸 지켜봐야 했다. 이러한 추세가 계속된다면 2040년에는 상위 1퍼센트가 전체소득의 37퍼센트를 차지하는 반면 하위 50퍼센트는 고작 6퍼센트만을 차지하게 된다! 이 시점에서, 또는 그 이전부터 미국 경제는 붕괴하기 시작한다. 한편, 미국 내 부의 편중은 대공황 직전에도 보지 못했던 수준이며, 특히 상류층에 대한 과세율은 몇십 년을 통틀어 최저 수준이다.

---

11 Trickle down, 대기업의 성장을 촉진하면 그 혜택이 물이 흘러넘치듯 중소기업과 소비자에게까지 돌아가 경제가 활성화된다는 이론.

이러한 불균형은 어떠한 비용을 치르고 있을까? 2010
년 11월 IMF의 경제학자 마이클 쿰호프Michael Kumhof와
로맹 랑시에르Romain Ranciere는 2007년과 2008년의 경제
위기와 1929년의 경제위기는 똑같은 현상에서 비롯되었
다는 학회논문을 발표했다. 바로 극단적인 소득 불평등
이었다.

논문에서 그들은 불평등과 재무 레버리지가 위험하
고 치명적인 피드백 루프를 만들어낸다고 보고하고 있
다. 더 많은 돈을 축적할수록 이들은 부동산과 기타 자산
에서 가격거품을 만들어내며 이는 다른 경제 참여자들이
그저 현상유지를 위해 돈을 더 많이 빌리도록 만든다. 자
본을 축적하면서 자산수익을 얻으려는 부자들도 늘어났
다. 그들은 빈곤층과 중산층에 대한 대출의 형식으로 자
신들의 자산을 현금화한다. 이 둘을 대상으로 하지 않으
면 또 누가 있겠는가? 손쉬운 신용거래는 수익을 추구하
는 돈이 어마어마하게 모여 있을 때 자연스레 생겨난다.
빈곤층과 중산층은 점차 분에 넘치는 라이프스타일을 유
지하기 위해 더 많은 돈을 빌리게 되고 이는 지속 불가능

한 재무 구조로 이어진다. 1929년과 2008년의 경제 붕괴
는 모두 피할 수 없는 결과였다.

소득과 부의 편중에서 오는 이 위기는 오늘날 미국을
가장 크게 위협하는 상대다. 분명한 건, 본질적인 문제는
최상류층이 최빈민층보다 돈을 더 많이 번다는 데에 있
지 않다는 것이다. 재능, 노력, 소득 등의 불평등은 언제
나 존재해왔다. 그리고 탄탄한 중산층이 존재하는 한 최
상위와 최하위 간의 너른 폭은 반드시 위험한 건 아니다.

문제는 집중 그 자체와 중산층의 몰락이다. 1980년대
이후 부는 압도적으로 상류층에 집중되어 있다. 오늘날
상위 1퍼센트는 하위 90퍼센트보다 훨씬 더 많은 부를
차지하고 있다. 중산층은 줄어들고 빈민층의 수는 늘어
나고 있으며 미국은 이제 제3세계 국가와 같은 부의 분
포를 보인다. 예전에는 임금이 생산성을 따라갔으나, 이
제는 더 이상 그렇지 않다. 노동자들은 그 어느 때보다
높은 생산성을 보이지만 부유층이 그 소득을 가져가고
있다. 오늘날 미국 GDP는 1980년 당시보다 더 높아졌겠
지만, 늘어난 부의 대부분이 몇몇의 손에 쥐어지는 동안

시민 대부분은 활발한 경제 참여자가 되지 못했다.

이는 단순히 불공평한 게 아니라 건강하지 못한 것이다. 사회역학연구자 리처드 윌킨슨Richard Wilkinson과 케이트 피켓Kate Pickett은 베스트셀러《영혼의 수준*The Sprit Level*》에서 미국 내 50개 주와 세계 여러 국가들을 통틀어 인과관계가 강하게 나타나는 패턴을 찾아냈다. 바로 불평등의 수준이 높을수록 사회병리현상이 높게 나타난다는 것이다. 이것이 바로 비만, 우울증, 폭력범죄, 신생아사망률, 감금, 공해 등의 이면에 있는 진실이다. 미국은 부의 편중이 사회 전체를 병들게 하는 현상을 증명하는 좋은 예라 할 수 있다.

이러한 상황은 우연히 일어나지 않았다. 이는 오늘날의 날씨와 마찬가지로 우리 통제능력 밖에 있는 뭔가가 아니다. 이는 트리클다운 경제학과 시장근본주의적 정치에 대한 30년간의 실험에서 나온 직접적이고 완전히 예측 가능했던 결과물이다. 즉 공화당이 만들어냈지만 결코 중단되지 않고 민주당이 계속 이어온 실험 말이다.

이번 장에서 우리는 현재 적용되고 있는 우파 경제이

론의 학문적·정치적 요소를 확인해 본 후 우리가 '미들 아웃 경제학Middle-out economics'이라 부르는 새로운 접근 방식으로 이를 대체해보려 한다.

트리클다운 경제학

전통적인 경제학은 문자 그대로 시장근본주의를 의미할 뿐 아니라 이를 필요로 한다. 경제가 스스로 규제 가능한 기계라고 믿는다면 시장에 대한 정부의 간섭은 본질적으로 그릇된 것이라 믿을 수밖에 없다.

현재 적용되고 있는 우파의 이론은 정부를 '제한'하는 것이다. 국가를 운영하는 데에 있어 이 이론은 경영활동의 규제완화로 현실화된다. 따라서 제한에서 자유로워진 기업들은 비용을 낮추고 더 많은 돈을 벌며 이론상 더 많은 일자리를 창출하게 된다. 또한 경제 운영에 있어서 부자의 손에 더 많은 돈을 쥐어줌으로써 이들이 일자리를 창출할 수 있는 산업에 투자할 수 있는 세금정책으로 활용된다. 이러한 어젠다를 지지하는 사람들은 이를 '공급자 중심의 경제'라 부르지만, 그보다는 꽤 오랫동안 '트리클다운 경제'라는 이름으로 알려지게 되었다. 즉, 돈이 부유한 자본가로부터 보통의 시민들을 향해 '물 흐르듯 흘러내린다Trickle'는 개념이다.

이것이 바로 정치적으로는 엄청난 성공을 거둔 바로 그 이론이다. 정부를 축소시키고 '일자리 창출자'를 처벌하지 않는다는 수사법修辭法은 미국의 공적생활을 지배하게 되었다. 이러한 수사법을 지지하는 정책들, 즉 부자를 위한 개인소득세와 양도소득세 · 법인소득세의 감세, 그리고 상속세 인하정책 등은 레이건 이후 양 당의 대통령들에 의해 변하지 않고 유지되었다. 이 이론은 대침체 시에도 건드리지 못한 정치적, 정책적 합의를 낳았다.

불행하게도 트리클다운 경제학이 성공하지 못한 어떤 영역이 있다. 바로 경험적 영역에서다. 오늘날 평균가구 소득은 1980년대보다 50퍼센트는 높아진 것처럼 보이지만 그 평균치는 사기에 가깝다. 지난 30년간 대부분의 소득수입은 상류층, 특히나 상위 1퍼센트로 몰렸다. 그리고

1980년과 2010년 사이 중산층의 소득은 전혀 인상적이지 못하고 평범한 채로 남아 있다. 보통 사람들을 생각했을 때 더 많은 사람들이 그저 지금 생활을 유지하기 위해 훨씬 더 많은 시간동안 일을 하고 있음에도 불구하고 말이다. 실질적으로 이는 중산층의 임금 정체를 의미하며 이들은 이웃들과 보조를 맞추기 위해 그 어느 때보다 많은 빚을 지고 있다.

불평등 뒤에 숨겨진 정책 결정에 관한 획기적인 책 《부자들은 왜 우리를 힘들게 하는가 – 승자독식의 정치 *Winner-Take-All politics*》에서 제이콥 해커Jacob Hacker와 폴 피어슨Paul Pierson은 불평등이 증가하는 데에 달러가 미치는 영향력을 꼼꼼히 짚어내고 있다. 그중 하나의 예가 눈에 띈다. 만약 모든 미국인에 대한 소득분배가 1980년 이후 계속적으로 이뤄졌다면 현재 미국의 평균적인 가족은 64,395달러를 벌고 있었을 것이며 이는 오늘날 실제 소득보다 24퍼센트, 약 12,295달러가 높은 금액이다. 만약 우리가 그 가상의 소득만큼 벌고 있었다면, 그리고 국가가 세금을 통해 그만큼 재정을 늘릴 수 있었다면 미국

경제는 2011년 당시만큼 고군분투할 필요가 없었을 것
이다.

무슨 이유로 저임금·고소비·고부채를 추구하는 트리
클다운 경제학이 오직 상위 1퍼센트를 제외하고는 모든
이들에게 실패를 안겨주었는지 알기 위해서는 그 핵심적
인 지적 토대를 검토할 필요가 있다. 즉, 트리클다운 경
제학은 부의 재분배가 본질적으로 부조리하며 비효율적
이라는 개념을 바탕으로 하고 있다.

재분배, 소비, 그리고 재순환

이 주장은 가끔 사회주의를 비난하기 위해 희화화되어
제시된다. 그러나 좀 더 진지한 형식으로 이야기하자면,
재분배는 이윤추구를 저해하고 시장의 힘보다 비효율적
이며 따라서 전체적인 부를 감소시키는 역할을 한다. 반
대로 이 주장에 따르면, 자본을 가진 자에게 자본을 더
많이 축적하라고 장려하는 것은 설사 그 결과 대물림되

는 엄청난 불평등을 초래한다 하더라도 미국의 자유주의 원칙과 자유기업체제에 좀 더 부합하게 되는 것이다.

세부적인 내용을 차례로 살펴보자. 우선 일반적으로 소득세율의 인상은 기존의 부유한 자본가들이 사업을 시작하거나 차를 사는 등 이윤을 추구하거나 일자리를 창출하는 경제적 행위에 참여하지 못하도록 막는 것이 아니다. 현재 성과보수에 대한 소득세율이 15퍼센트에서 50퍼센트로 늘어난다고 해서, 헤지펀드 매니저가 덜 열심히 일할 것이라고 주장하는 건 어처구니없는 일이다. 그보다는 실질적으로 1년간 벌어들이는 수십 억 달러 가운데 50퍼센트만 주머니로 들어오는 사람은 85퍼센트를 가져갈 수 있는 사람보다 33퍼센트 더 열심히 일한다는 것이 좀 더 설득적인 예시가 되겠다. 그렇다. 노동자가 자신의 일이 만들어내는 가치의 극히 일부만 가져갈 수 있게 되는 수익체감의 지점을 지나치게 되면, 열심히 일하려는 노동의욕은 줄어들게 되고 전체적인 성장은 느려진다. 현재 미국의 이야기는 아니다. 아버지 부시 정부와 클린턴 정부 시절 세금은 증가했고 소득세는 오늘날보다 훨씬 높았지만 미국은 1990년대에 유례없는 경제적 부흥과 일자리 증가를 누렸다. 그리고 1960년대의 90퍼센트라는 기록적인 취업률은 차치하더라도, 이 두 정부 시절의 높은 세율은 일자리 시장을 침체시킨 것이 아니라 사상 최고치의 성장률을 기록했다.

두 번째로 트리클다운 경제학의 지지자들은 한편에는 정부주도적인 재분배를, 다른 한편에는 자유경제를 두고 둘 중에 고르라는 식의 거짓 선택지를 제시한다. 그러나 레이건 정부 시절 세법을 개편하고 부시 정부 때 이를 영구화하며 전형화되어버린 이 어젠다는, 그 자체로 정부주도적인 부의 재분배가 되었다. 이미 부자인 사람들을 대상으로 말이다. '자연 상태'는 노동 위에 자본을 둔다든지 과세대상의 수량이나 금액이 늘어날수록 세율을 낮춘다든지 불로소득이나 권력에 대해 상속세를 거두지 않는다든지 하는 상태를 지시하지 않는다. 이는 모두 사람이 만들어낸 규칙이다. 그렇다면 여기서 재분배 자체가 아닌 재분배의 방향이 문제가 될 것이다.

우리는 '재분배'라는 단어가 최선책은 아니라는 점에

서는 트리클다운 경제학 지지자들에게 일부 동의한다.
지지자의 말에 따르든 반대자의 말에 따르든 간에 재분
배는 돈이 A라는 위치에서 B라는 위치로 움직이는 단 한
번의 행위를 의미하며 그 이후에는 움직임 없이 그 자리
를 지키게 된다. 이는 분명 옳지 않은 일이다.

　그러나 여기에는 더 잘못된 개념이 자리하고 있다. 기
계적 지성이 내놓는 관습적인 지혜는 정부의 행위를 '소
비'라고 인식하고 묘사한다. 다음의 사전적 정의는 왜 그
런 개념이 잘못됐고 위험한 것인지 보여준다.

소비(Spent)

1. '소비하다(Spend)'의 과거 및 과거분사

2. (형용사) 한번 사용했고 다시는 사용하지 못하게 된(예시 – 이
　미 소비해 버린 성냥개비),
　더 이상 힘이나 에너지가 남겨지지 않은(예시 – 운동으로 힘을
　모두 소비해 버렸다)

　우리가 소비라는 단어에 결부지어 연상하는 것은 정부

가 '소비'를 했을 때 우리의 돈은 없어져 버린다는 것이
다. 무의식적으로 정부가 우리의 세금을 차곡차곡 그러
모은 뒤 태워 버리거나 물 쓰듯 써 버린다는 가정을 하는
것이다. 이 무의식적인 가정은, 물론 기계형 지성의 은유
에 뿌리를 두고 있다. 자동차의 엔진처럼 정부는 모든 돈
을 연료로 써 버린다. 물론 이는 경제생태계 내에서 돈이
맡고 있는 역할의 근본적인 실체를 무시하는 것이다. 경
제생태계에서 돈은 필수적인 생명의 피로서 계속적으로
순환하고 순환한다.

정원형 지성의 관점에서 정부는 돈을 '소비'하는 것이
아니라 '순환'시킨다. 정부는 돈을 재분배하는 것이 아
니라 '재순환'시킨다. 사회보장제도는 정부가 재정상 가
장 많이 '소비'하고 있는 품목으로, 쉽게 말해 담보로 보
장받고 있는 저축계좌라고 생각하면 된다. 순환의 관점
으로 이해한다면, 사회보장제도의 주요 이점은 노인들이
홈리스가 되는 걸 막아주는 데에 있는 것이 아니다. 물론
그 역시 중요하기는 하지만, 사회보장제도는 노인들이
우리 경제 안에서 역동적인 소비자로 계속 활동할 수 있

도록 보장하는 데에 있다. 사회보장제도는 처음 그 제도에 기여했던 시민들에게 돈을 돌려준다. 그리고 그 돈은 다시 시민들에 의해 순환하면서 경제활동을 촉진시키고, 또 다른 사람들이 돈을 벌고 사회보장제도에 기여하며 다시 그 이익을 미래에 받게 된다. 이렇게 우리 경제를 지속 및 확장시키는 영속적이고 필수적인 긍정적 피드백 루프가 생겨난다. 사회보장제도가 진짜 '소비'하는 제도라면 우리 경제는 축소되고, 국가의 순자산은 국가가 성장할수록 줄어들었을 것이다.

정도의 차이는 있지만 모든 정부 경제활동은 순환의 형식을 띤다. 메디케어는 은퇴한 노동자들이 의료비용으로 인해 빈곤층으로 전락하는 걸 방지함으로써 계속 경제에 참여하도록 돕는 제도다. 막대한 군사지출은 우리의 방위 산업이 고소득 일자리를 제공하게 함으로써 다시 돈을 공동체로 순환시킨다.

정부는 돈을 곧 변질되거나 소모될 물품처럼 쓰지 않는다. 정부는 돈을 순환시키고 우리가 선출한 지도자들이 선택한 정책은 순환의 흐름과 방향, 속도를 결정한다.

그리고 이를 통해 우리는 중심축에 놓이게 된다. 해커와 피어슨이 《부자들은 왜 우리를 힘들게 하는가》에서 상술한 바와 같이 지난 30년간 우리의 지도자들은 순환을 끊어버리고 아주 작은 소수가 그 피를 비축하도록 하는 경제 프로그램을 선택해왔다.

물론 경제에 있어서 시장은 부의 주요 순환기다. 그러나 이 탐욕의 시대에 공공정책은 의도적으로 사적 경제 영역에서 역사적인 왜곡을 만들어냈다. 오늘날 미국의 상위 1퍼센트는 하위 90퍼센트보다 더 많은 부를 보유하고 있다. 상위 1퍼센트는 하위 50퍼센트의 연간소득보다 2배 이상의 소득을 올린다. 이는 순환이 아닌 응집과 응고다. 엄지발가락 하나가 수박만큼이나 크고 머리나 몸통보다 2배는 많은 피가 몰려 있다면 그 몸은 괴기스럽게 균형을 잃게 될 것이다. 이를 치유하지 않으면 죽을 수밖에 없다. 그러나 순환이 잘 되면 몸은 더 튼튼하게 자란다. 부의 재순환은 우리 몸에서 피의 재순환만큼이나 경제에 필수적이다. 이러한 원칙이야말로 우리가 제안하는 프로그램의 핵심이다.

부의 지나친 편중은 건강을 해친다

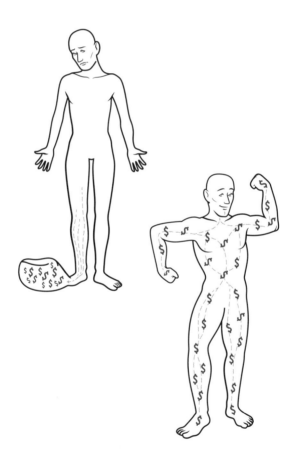

미들아웃 경제학

트리클다운 이론과는 대척점에 있는 이 프로그램을, 우리는 '미들아웃 경제학Middle-out economics'이라 부른다. 그 핵심은 단순하다. 중산층이 번영할 수 있는 방향으로 부를 순환시킴으로써 중산층이 재화와 서비스를 구입할 수 있도록 하며, 장기적으로는 부유층과 빈곤층 모두에게 이익이 되는 피드백 루프에 시동을 거는 것이다. 미들아웃 경제학은 슈퍼리치의 열매에 기대지 않는다. 미들아웃 경제학은 부를 생성해내는 두터운 중산층에서 시작되며 그 부가 경제 전반으로 순환할 수 있도록 밖으로 밀어낸다.

트리클다운 경제학은 소수의 훌륭한 사람에게만 신경을 쓰며, 이 사람들이 우리 나머지 사람들을 위해 일자리를 창출해줄 거라는 잘못된 생각을 바탕으로 한다. 반면 미들아웃 경제학은 우리 '나머지 사람들'로부터 시작한다. 미들아웃 경제학은 우리가 부를 창조하는 엔진이라고 본다. 두터운 중산층이 경제를 이끌어가는 소비력을 가지게 되면 모든 사람들은 더 나은 삶을 살게 된다. 여기엔 중산층의 요구를 충족시키는 부유한 사업가들도 포함된다. 헨리 포드Henry Ford 같은 냉정한 기업가조차, 공장 조립라인 노동자들에게 시장에서 요구하는 것보다 더 높은 임금을 지급할 정도로 이를 잘 이해하고 있었다. 포드는 이타심에서 그런 것이 아니라 자신이 고용한 직원들이 곧 고객이 될 것이며 이 직원들이 포드 모델 T를 살 수 있게 만들어야 한다는 것을 장기적인 관점에서 이해하고 있었다.

트리클다운 경제학은 부유층에 대한 낮은 소득세와 금융수익세, 낮은 상속세, 규제완화, 교육과 기반시설 등 공공재에 대한 적은 투자를 추구한다. 트리클다운 경제학은 더 많은 사람이 2차적으로 이득을 얻게 되리라 믿으며 소수에게 힘을 부여한다. 그리고 이는 톱다운top-down 형식으로 이뤄진다.

미들아웃 경제학은 중산층에 적극적으로 투자하는 것을 골자로 한다. 교육과 기반산업, 더 높은 임금, 그리고 높은 잠재력을 지닌 영역에 공적·사적 투자를 전략적으로 하는 데에 초점을 맞춘다. 여기에는 강화된 누진세와 적극적인 상속세 정책이 동반된다. 미들아웃 경제학은 일부에게 2차 이득이 돌아갈 수 있도록 다수에게 힘을 부여하며 번영이 또 하나의 순환 고리를 이루도록 만든다. 이는 미들아웃middle-out, 즉 중간에서부터 밖으로 나아가는 형식이 된다.

여기에서 누진세는 하나의 핵심이다. 누진세는 시장이 본질적으로 지닌 수학적 경향을 상쇄시켜 승자독식주의식의 집중을 막는다. 이는 자원을 순환시켜 경제 일반으로 다시 되돌려주면서 부와 기회와 비교우위가 순환하며 영속적으로 증가할 수 있는 출발점이 된다. 또 다른 핵심은 활기차고 적응력 있는 노조활동이다. 경영층을 압박하고 자기성찰의 의지가 있는 노조는 노동자들이 생산성을 높이고 그 성과물을 나눌 수 있도록 돕는다. 노조는 집중된 기업권력에 대해 필수적인 균형추 역할을 한다. 그러나 또한 스스로의 권리를 위해 보호주의자가 될 수 있으며 어떠한 양보도 받아들이기 어렵다는 식의 제로섬 사고에 사로잡힐 수 있다는 점에 유의해야 한다.

미들아웃 경제학은 반反부자 경제학이 아니다. 이는 장기간에 걸쳐 모든 이들이 부자가 되도록 만드는 것이다. 미들아웃 경제학은 정원형 지성의 경제학이 알려주는 단순한 아이디어로 돌아온다. 바로 다같이 잘살 때 모두가 잘살게 된다는 것이다. 장기적으로 보았을 때 세금과 정부지출을 통한 부의 재순환에서 가장 이익을 보는 사람은 부자나 부자가 되려는 사람이다. 국민 3억 명이 활발한 소비자로 활동하는 경제는 고성장과 고수익이 가능하고 폭넓은 다각화가 가능한 경제다. 부자들로서는 이를 염두에 두고 지금 이 순간 세금을 조금 더 내는 편이 결과적으로 좋은 투자가 된다.

우리는 과도한 집중이 언제나 전체를 위협한다고 단언한다. 피는 심장부에서 바깥쪽으로 흘러 나가야만 한다. 잔뜩 부어 오른 어느 한 부위에서 신체 나머지 부분으로 흘러서는 안 되는 것이다. 경제적인 용어로 이야기하자면 부는 중산층에 의해, 중산층으로부터, 중산층을 위해 생성되어야 한다. 그리고 그 방식은 의도적으로 두터운 중산층에 이득을 주는 한편, 필연적이긴 하나 오직 부수

트리클다운 경제학 vs. 미들아웃 경제학

적으로만 부자인 소수에 이득을 줘야 한다.

미들아웃 경제학을 든든히 받쳐줄 다섯 가지 주요원칙은 다음과 같다.

① 미들아웃을 통한 성장 : 우리의 행동이론은 헨리 포드의 통찰력을 받아들이고 이를 확장시킨다. 구매력을 지닌 건강한 중산층 고객의 토대를 조성함으로써 모든 사람이 더욱 부유해지는 것이다. 즉 중산층에 투자함으로써 번영의 긍정적인 피드백 루프를 형성해야 한다. 또한 '정부 지출'이 쥐구멍에 돈을 쏟아 붓는 1회성 행위가 되어선 안 된다. 사회보장제도와 교육은 모두 훌륭한 재순환의 수단이다. 이는 미국이 제2차 세계대전이 끝난 후 첫 30년간 사용하던 접근법으로, 이 시기 미국 사회의 부는 타의 추종을 불허할 정도로 지속적으로 발전하고 폭넓게 공유되었다.

② 능력 있고 다양한 경쟁자 : 특히나 민주주의에서 경제는 소수를 부유하게 만드는 게 아니라 다수에 힘을 부

여해줘야 한다. 국가가 번성하고 세계적인 경제적 경쟁에서 이기기 위해서는 가능한 한 많은 선수들이 경기에 뛸 수 있도록 해야 한다. 복잡계 이론을 연구하는 스콧 페이지Scott Page는 저서 《차이The Difference》를 통해 "다양성은 능력을 이긴다"고 주장했다. 즉, 문제를 해결하기 위한 한 사회의 능력은 일부 개인의 능력보다는 사회가 선택하는 접근방식의 다양성에 달려 있다는 것이다. 다양성은 그저 멋지고 포용적인 게 아니다. 다양성은 현명하고 효율적인 것이다. 이는 우리 아이들 모두가 건강하게 출발할 수 있다는 확신을 의미한다. 또한 더 많은 국민들이 교육을 받을 수 있다는 확신을 의미한다. 그리하여 더 많은 사람들이 새로운 아이디어를 만들어내고 혁신적인 생태계를 위한 능숙한 기여자가 될 수 있게 된다. 이는 포부는 크지만 상대적으로 수단이 제한된 중소상인들에게 자본 접근성을 늘려준다는 의미가 된다. 또한 자산 정책을 바꿈으로써 기존의 부유층에게로 치우쳐 있던 저축 장려책이 일하는 시민들을 돕는 데에 쓰일 수 있어야 한다는 의미가 된다. 우리에게는 아직도 숨겨진 재능

이 너무나 많다. 형편없는 교육, 나쁜 건강, 안전하지 못
한 도시와 직업능력 향상 수단의 부재 등 이 모든 것으로
인해 인적자원의 상당한 부분이 현재 비활성화 상태다.

③ 기회의 독점 타파 : 경제생활이 이익과 손실의 결
합체라는 건 사실이다. 다만 우리가 끝내야 할 것은 서
로 간에 금을 긋고 철벽을 치는 기회의 독점이다. 시어도
어 루스벨트Theodore Roosevelt가 이야기하던 아주 일부의
'불어난 재산swollen fortune', 즉 선조가 공공재에 투자를
함으로써 만들어진 막대한 재산에 세금을 매기고 이러
한 부를 학교나 건강보험 같은 공공재로 재순환시킴으로
써 중산층과 서민층이 경제에 참여할 수 있도록 만들어
준다면 장기적으로 다수와 소수에게 모두 이익이 돌아갈
수 있게 된다. 부유층에게는 비축이 합리적인 일인 것처
럼 느껴지겠지만 이는 진정한 사익에 반하는 것이다. 진
정한 사익이란 응고된 부위에 있는 것이 아닌 전체로 순
환하는 과정에서 찾을 수 있기 때문이다. 부의 편중은 언
제나 빈곤의 편중을 부른다. 우리가 고소득층을 대상으

로 하는 누진세와 훨씬 높은 한계세율[12]을 주장하는 이유
다. 누군가의 성공을 저지하기 위해서가 아니라, 더 많은
사람들에게 더 많은 성공을 보장해줄 수 있는 환경을 만
들어주기 위해서다. 재능의 진정한 경쟁을 보장하기 위
한 폭넓은 소수집단 우대 프로그램 그리고 자산 및 세금
장려책에 대한 대대적인 재균형이 필요한 이유기도 하
다. 오늘날의 정책은 눈에 보이지 않게 중산층을 좀먹고
연간 4천억 달러가 이미 부유하거나 풍족한 이들에게 흘
러들어가게 만들고 있다. 상위 5퍼센트의 계층은 세법상
공제와 감면을 통해 취할 수 있는 모든 이점의 반 이상을
누리고 있다. 우리는 우리의 자산 및 조세지출정책을 재
정비함으로써 법률상 허점과 세무상 특전이 이미 부자인
사람을 살찌우는 것이 아니라 부자가 아닌 자들에게 도
움이 되도록 만들어야 한다. 즉 누진세와 한계세율에서
거둘 수 있는 수익은 국내 일자리 창출에 기여할 수 있는

---

12 초과수익에 대한 세금비율.

산업을 연구하고 개발하고 장려하는 데 투자되어야 한
다. 금융 분야 전반에 만연한, 환상에 불과한 상품에 투
자하는 것이 아니라 말이다.

④ 진정한 경쟁의 장려 : 오늘날의 정책으로는 사람들
이 부자가 되도록 도울 수 없다. 이미 부자인 사람들이
계속 부자가 되도록 보상할 뿐이다. 실제로, 월스트리트
와 시장근본주의자들의 가짜 자본주의를 자세히 살펴보
면 꽤나 보호주의적이라는 것을 알 수 있다. '자유기업
체제'라는 이데올로기는 반反세금주의자와 반反규제주의
자로부터 옹호를 받으며 현재의 경제적 권력을 구성하
고 있는 방식에 변화를 주지 않기 위해 사용된다. 즉, 내
회사를 규제하지 말고, 내 돈에 손을 대지 말며, 내가 조
작하고 있는 이 경기에 더 많은 사람들이 들어오지 못하
도록 하라는 것이다. 손실은 공공화하고 이익은 사유화
한다. 이는 자본주의가 아닌 자본가들을 보호하는 것이
다. 재능과 장점을 바탕으로 공정하게 경쟁하고 있는 모
든 이들이 현상유지status quo를 허용한다면 현재 부의 분

배형태를 방어하는 것은 인정할 수 있다. 그러나 이에 동
의하는가? 진정한 자본주의란 장비를 살 수 있는 사람만
경기에 참여하는 것이 아니라 모든 사람이 경기장에 들
어설 수 있도록 보장하는 것이 중요하다. 만물의 질서를
보호하는 것이 아니라 지속적으로 뒤집어 주어야 하는
것이다. 진정한 자본주의는 좀 더 경쟁적이기 때문에 공
정하고, 공정하기 때문에 경쟁적인 성격을 띤다.

⑤ 국가적 목표를 위한 시장경제의 활용 : 경제적인 우
파들은 영웅이란 '스스로 해냈' 인물이며 그러한 사람들
을 '자수성가'했다고 주장한다. 이러한 주장은 진지한 논
의 하에서는 지지받지 못한다. 사람들이 여행을 다니기
위해 필요한 도로가 없었다면 포드는 자동차 산업을 일
으킬 수 없었을 것이다. 포드는 그러한 도로에 표지판을
세우거나 지도를 만들기는커녕 건설조차 하지 않았다.
인터넷을 만든 건 아마존과 구글이 아닌 연방정부였다.
미국 내 어떠한 기업도 자신들의 산업이 가능하도록 한
사회기반시설을 구축한 바 없으며 더욱이 노동자들을 교

육시킨 경우는 더 적다. 문제는 정부가 경제에 참여할지 여부가 아닌 어떻게 지혜롭게 역할을 할지에 달려 있다. 정부의 역할은 민간부문과의 협력하에 위대한 목표를 세우는 데에 있다. 또 시장의 역할은 이러한 목표를 달성하기 위해 경쟁력 있는 진짜 열정을 만들어내는 데에 있다.

다같이 잘살 때 모두가 잘살 수 있다

제한적인 정부 역할에 대해 지지하는 자들은 정부가 우리 돈을 어떻게 쓸 것인지 신뢰할 수 없다고 말한다. 그렇다면 슈퍼리치들이 어떻게 돈을 쓰는지는 믿을 수 있을까? 중산층이 자기 돈을 쓰는 건 왜 신뢰할 수 없을까? 트리클다운 경제학의 지지자들처럼 우리 또한 경제체제가 황금알을 낳는 거위를 가지고 있다고 믿는다. 트리클다운 경제학 지지자들은 그 거위가 '상위 1퍼센트'라고 생각하겠지만, 우리는 두터운 중산층이야말로 바로 그 거위라고 생각한다. 저들은 부자들이 잘살 때 우리가 잘살게 된다고 생각한다. 우리는 모두가 잘살 때 우리가 잘살 수 있다고 생각한다.

우리는 미들아웃과 바텀업Bottom-up, 상향식 형식으로 경제를 키우는 것이야말로 진정한 번영을 이루고 지속할 수 있는 방법이라고 믿는다. 노동을 통해 독립적으로 만들어낸 번영은 트리클다운 형식으로는 결코 이룩할 수 없는 것이다.

분명 정부는 순환시키고 투자하는 역할로서 더 똑똑해지고 더 효과적이어야 한다. 그리고 자본주의와 시장의 동물적 본능은 혁신과 해결책에 관해 타의 추종을 불허하는 힘으로 남아 있을 것이다. 우리는 자본주의를 지지한다. 심지어 격렬히 지지한다. 그러기 위해서는 자본주의 본연의 역할을 기억하는 것이 필요하다. 사회가 가장 생산적인 성과를 올리기 위해서는 가장 광범위한 수준의 경쟁이 가능하도록 해야 한다.

혹자는 우리가 산출물에 대해 전체주의적 수준의 평등을 요구한다고 주장할 수도 있다. 단연코 그렇지 않다. 일정 수준의 불평등은 피할 수 없으며 심지어 이롭기까지 하다. 그러나 우리는 단지 너무 심한 불평등은 강요된 평등만큼이나 사회에 치명적이란 점을 지적하고 싶다. 소득분포곡선은 완만하고 대칭적인 종 모양을 그려야 하며 이때 부와 안전이 최고치를 기록하게 된다. 1950년과 1960년대의 미국이 그러했듯 말이다. 그러나 1980년대 이후 미국은 계속 하키스틱과 같은 가파른 소득분포곡선을 그리고 있다.

우리에게 주어진 선택은 단순하다. 공짜로 밥을 주겠다는 트리클다운 경제학은 그럴듯하게 들리지만 실상은 이미 실패했음이 증명됐다. 성장하는 중산층이 이끌어가는 경제학은 힘들어 보이지만 국가로서 우리를 정상궤도로 돌려보내 준다. 소수의 승리자만을 가진 경제를 택할 것이냐, 열심히 일한 자들은 모두 승리하게 되는 경제를 택할 것이냐, 선택은 우리 몫이다.

나란히 놓인 밭을 가진 두 정원사를 상상해보자. 첫 번째 정원사는 씨앗이 더 골고루 뿌려지도록 갈퀴질을 열심히 한다. 두 번째 정원사는 그저 내버려둔다. 씨앗에서 싹이 트고 몇 주 후, 첫 번째 정원사는 밭 전체에서 과일과 채소를 거둘 수 있게 된다. 두 번째 정원사는 씨앗이 뭉쳐서 싹 튼 곳에서는 수확을 할 수 있겠지만 나머지 땅은 황무지나 다름없게 되었다.

이 이야기가 우리 시대에 주는 교훈은 분명하고도 절실하다. 씨앗이 제멋대로 퍼진 정원에서는 열매가 조금밖에 맺히지 않는다. 씨앗을 좀 더 골고루 뿌린다면 더 많은 수확물을 거두게 된다. 그리고 이는 다음 해 더 많은 씨앗을 얻게 하고 또다시 골고루 뿌려진 씨앗은 더 많은 열매를 거둘 수 있게 해준다. 진정한 번영을 이룬 사회란, 부자가 더 부유해지는 사회가 아닌 모든 사람들이 부자가 되는 사회다. 즉, 모두가 잘살 때 진정으로 우리가 잘산다고 말할 수 있는 것이다.

물론 진정한 번영을 이룬 사회에서 정부는 경제생활이라는 정원을 가꾼다. 정부는 씨를 뿌리고 거름을 주며 김을 맨다. 경제란 무엇이며 경제가 어떻게 돌아가야 하는지 다시금 정의내리면, 정부가 무엇이고 어떻게 일해야 하는지에 대한 이야기가 바뀌게 된다.

제5장

자치의 기술

목표는 야심차게, 방식은 창의적으로

정부에 대한 불만족은 마케팅 문제가 아니라, 제품의 문제다.
즉 개선시키는 것만이 만족도를 나아지게 하는 길이다.

정부는 무엇을 위해
존재하는가?

이는 지난 몇 년간 가장 많이 듣게 되는 질문이었다. 그러나 논리정연하게 대답해줄 수 있는 지도자는 거의 없었다.

우파들은 실행 불가능한 아이디어와 '제한된 정부'에 관한 철 지난 미사여구 이상을 내놓지 못하고 있다. 한편 좌파의 경우 존슨Lyndon B. Johnson 대통령이 주창한 바 있는 복지·경제정책 '위대한 사회The Great Society'의 통치 방식을 받아들이지도 스스로의 결점을 인정하지도 않는, 방어적이고 주눅든 상태. 오바마 대통령은 여러 차례 연설을 통해 정부를 두둔해왔다. 그러나 정부를 그저 두둔하는 것으론 부족하다. 대통령이나 우리 모두에겐 더 높은 문턱이 존재하고 있기 때문이다. 정확히 말해서, 현 질풍노도의 시기에 정부를 적극적으로 지지해줄 이론이 필요한 것이다.

우리는 정부에게 무슨 역할을 기대해야 하는가? 정부

는 그 역할을 어떻게 해내야 하는가? 그리고 우리가 '정
부'라 부르는 대상은 누구를 칭하는 것일까?

정부에 대한 현재의 불만족은 여전히 대다수의 좌파
가 믿고 있듯 단순한 인식이나 마케팅 문제에서 오는 것
이 아니다. 이는 제품의 문제다. 수많은 사람들에게 정부
는 묵묵부답이고 비인간적이며 비효율적이다. 그리고 우
리 시대의 가장 심각한 도전들에 성공적으로 맞서지 못
했다. 오직 우리가 정부 그 자체를 개선시키고 나서야 정
부에 대한 우리의 만족도도 개선될 것이다. 불행히도 정
부에 대한 담론은 오랫동안 두 가지 차원에서 멈춰 있었
다. 더 많은 정부의 역할과 더 적은 정부의 역할, 또는 큰
정부와 작은 정부 등과 같이 말이다. 우리는 교차적인 접
근법을 제안하려 한다. 즉, 목표What를 설정하고 목표달
성을 위해 투자할 때엔 정부의 역할이 커져야 하지만 우
리가 총체적으로 어떻게How 목표를 달성할 것인지에 있
어선 정부의 역할이 작아져야 한다는 것이다.

우리는 이러한 행동이론을 '빅 왓, 스몰 하우Big What,
Small How'라고 부르려고 한다. 우리의 관점은 전략적인

목표와 적응적이고 경쟁력 있는 실행방안 간의 올바른 균형을 맞추는 데에 있다. '빅 왓, 스몰 하우'는 정원형 지성에 뿌리를 둔다. 먼저 우리는 우리의 정치를 지배하고 있는 기계형 지성의 접근법을 분석해보려 한다. 보수적 접근법이 '스몰 왓, 스몰 하우Small What, Small How'라면 자유지상주의적 접근법은 '노 왓, 노 하우No What, No How', 그리고 진보적 접근법은 '빅 왓, 빅 하우Big What, Big How'라고 볼 수 있다. 우리는 이러한 접근법들이 부족한 이유가 무엇인지 밝히고, 새로운 접근법을 제시할 예정이다.

.

제한된 정부의 한계
: 스몰 왓, 스몰 하우Small What, Small How

먼저 '제한된 정부' 이론을 낱낱이 밝혀보는 걸로 시작해보자. 우파들이 가장 활발히 전파한 이론이자 좌파들이 대부분 비판 없이 받아들이던 바로 그 이론 말이다. 그 내용은 다음과 같다.

- 민주주의 정부는 국민으로부터 정당성을 부여받는다 (맞는 말이다).
- 정부의 역할은 제한적이어야 하고 가능한 한 국민과 가까워야 한다 (매우 맞는 말이다).
- 정부의 책임은 개인적인 권리와 자유를 보호하는 데에 있다 (맞는 말이긴 하지만 이를 어떻게 가장 잘 수행할 수 있는지는 논쟁거리가 된다).
- 그렇게 해서 정부 권력의 범위는 영토를 보호하기 위한 군사, 법률을 집행하기 위한 경찰, 분쟁을 판결하기 위한 법정, 그러한 비용을 충당하기 위한 일부 세금으로 정해진다 (약간 문제가 되는 말들이다).
- 그 외 정부의 다른 역할은 비합법적이고, 기타 추가적인 세금 징수는 거의 절도죄에 가까우며, 우리를 공산주의로 몰아넣는 행위다 (현실성이 떨어지기 시작한다).
- 어떠한 경우에도 재분배정책은 언제나 자유시장에 비해 비효율적이다 (이제는 전혀 현실적이지 못하다).

이를 '철학'이라고 부를 수 있다면, 이 철학은 세 가지

차원에서 잘못되었다. 이론적으로, 실증적으로, 그리고 정치적으로 말이다.

① 이론적 공허함: 우파는 '자유기업체제'를 이상적으로 생각한다. 그러나 우파가 자유기업체제를 적용하는 방식은 완전히 전후 사정이 결여된, 진공의 상태를 추정한다. 모든 사람이 배우거나 자본을 획득하거나 이로운 관계를 형성하고 '사업을 하는' 데에 평등하게 자유롭다고 가정하며 오직 사악한 정부만이 그러한 자유의 길을 가로막는다고 본다. 그러나 실질적으로 현실세계에선 그러한 기회의 균등이란 없다. '자유기업체제'는 공동체로부터 개인이 분리되는 경우가 있다고 가정한다. 그러나 현실적으로 삶과 자유와 번영을 추구하는 개인의 능력, 그리고 그 능력에 맞게 살아가는 것은 오직 공동체 안에서만 실현될 수 있다. 시장 그 자체는 자연이나 신이 아닌 사람에 의해 만들어진 규칙을 적용받는 사회적 제도로만 존재한다. 개인적인 책임감은 필수적이지만, 지독히도 부족하다. 기회라는 측면은 우리의 행동할 수

있는 능력, 즉 진정한 자유에서 너무 많은 부분을 규정
짓는다.

보수주의자들은 정부의 역할이 작아질수록 자유와 부
와 행복이 더 많아진다고 믿는다. 그리고 불행하고 가난
한 전체주의적 국가들을 그 믿음에 대한 반증으로서 내세
운다. 이는 자유가 어떻게 움직이는지를, 놀라울 정도로
단세포적으로 이해하는 것이다. 우파들은 자유의 축과 정
부의 축이 있다면 그 두 변수 간의 관계는 반비례하며 직
선 그래프를 그릴 것이라고 믿는다. 현실만 제대로 직시
해도, 그 그래프는 종 모양 곡선을 그릴 테지만 말이다.

다시 말해서, 정부의 역할이 커지면서 자유를 강화해
주는 가장 효율적인 지점이 존재한다. 실제로, 자유를 확
장하는 건 정부의 역할이다. 때로 정부의 역할이란 사람
들이 하고 싶은 대로 내버려두는 것이 될 수도 있다. 보
통은 세금을 내거나 공해를 일으키지 못하게 하는 등 사
람들이 하기 싫어하는 일을 하도록 만드는 역할을 한다.
그리하여 장기간에 걸쳐 사람들이 하고 싶은 일을 더 많
이 할 수 있도록 만드는 것이다. 미국 연방항공청FAA은

비행기 조종사들이 아무 곳이나 날아가지 못하도록 막고 있지만 이는 우리가 날 수 있는 보편적인 자유를 더 늘려준다. 미국 증권거래위원회SEC는 기업들이 사업성과를 정직하게 보고하도록 만듦으로써 신뢰도를 높이고, 사기에 대한 걱정 없이 보이는 대로 주식을 살 수 있도록 해준다.

물론 이 '가장 효율적인 지점'이 전체주의 정부로 하여금 자유와 창의성, 동기 등을 억누르는 근거가 될 수도 있다는 데에 동의한다. 그러나 기업에 지나치게 간섭하거나 팀을 지나치게 감독하거나 정원을 지나치게 돌볼 가능성이 있다고 해서 아예 간섭이나 감독을 하지 않거나 아예 돌보지 않는 것이 맞다고는 할 수 없다.

② 실증적 실패: 우파가 정부와 자유 간의 관계에 대해 제로섬이나 직선적인 관점을 가지는 이유 중 확실한 하나는 사회를 조직하는 방식으로서 공산주의가 저지른 명백하고도 완전한 실패다. 그러나 정부가 내딛는 모든 발걸음이 공산주의나 노예제도를 향하는 것은 아니다.

실질적으로 세상에는 적극적인 정부와 광범위한 규제, 그리고 높은 누진세율 없이 존재하는 안정적이고 풍요로운 민주주의 사회는 없다. 서구의 자본주의적 민주주의가 보여준 역사적이고도 독보적인 성공은 적극적인 정부 덕이라 할 수 있다.

시장 근본주의자들은 우리의 성공이 정부의 역할에도 '불구하고' 이룩한 것이라 설득하고 싶었을 것이다. 이는 문자 그대로 근거가 없는 이야기다. 실제로 피터 린터트Peter Lindert는 국제적인 종합연구 〈공공부문의 성장 Growing Public〉를 통해 공적 투자의 증가는 언제나 경제적 성장을 불러오며 사회적 지출의 순비용은 필연적으로 0에 수렴하게 된다고 주장했다. 상식적으로는 '왜?'라는 의문을 떠올리게 될 것이다. 만약 '적을수록 더 좋다Less is better'라는 명제가 항상 사실이라면, 가장 최소한의 규제를 받는 경제는 가장 성공적인 경제가 되어야 한다. 그 반대도 마찬가지다. 사실 정부가 제공하는 원칙과 규제, 표준, 그리고 책임은 시장이 활성화되고 원활하게 돌아가도록 돕는 역할을 한다. 교육과 사회기반시설, 그리고 건강에 대한 투자는 민간부문에서 참여자의 숫자와 능력을 극대화시키는 역할을 한다. 강력한 국가는 자유시장과 서로 배제할 수 없다. 이 둘은 서로를 필요로 한다. '강력한 공공부문 없는 강력한 민간부문'이 존재할 수 없는 이유다.

전 세계 195개국 중 대부분이 '제한된 정부'의 실험을 진행했었다는 점을 상기해보자. 모두 비참할 정도로 실패했다. 미니멀리스트 정부가 효과적이었다면 소말리아는 부유하고 안정적이고 안전한 국가가 되었을 것이며 캐나다는 지옥이 되었을 것이다. 아프가니스탄은 모두가 꿈꾸는 곳이 되었을 것이고 덴마크는 고립된 나환자 수용소처럼 되어버렸을 것이다. 미국의 우파 자유지상주의자들이 무엇 하나 부족함 없는 풍요로운 나라가 제공해주는 싱크탱크와 법의 비호 속에서 거들먹거리며 정부를 뼛속까지 헤집어 놓는 건 매우 쉬운 일이다.

그러나 이들에게 미국을 떠나 다른 나라로 가족을 이주시켜야만 한다면 어디로 가겠냐고 질문을 던져보자. 그 누구도 아프가니스탄이라 대답하지 않을 것이다. 정부란 것이 존재했던 당시, 스웨덴이나 일본보다도 제한된 정부를 가졌던 그 나라 말이다.

이 시점에서 누군가는 소말리아를 예로 들며 위험한 주장을 펼치는 건 공산주의를 부르짖는 것만큼이나 토론자로서의 책임회피라고 주장할 것이다. 인정한다. 그러나 우리는 이 경우에는 단순명쾌한 진실을 강조하며 이야기하고 싶다. 자유는 공짜가 아니라는 진실 말이다. 이는 자유를 지키기 위해 생명과 재산이 든다는 의미만이 아니다. 학술적인 개념 이외에 실제 생활에서 다른 사람과 함께 엮여 있을 때의 자유란 단기적으로는 행동의 반경을 제한함으로써 장기적으로는 우리 모두가 더 많이 움직일 수 있도록 해준다는 의미에서 진실이다.

③ 정치적 실패 : 아마도 '제한된 정부'라는 아이디어에 대한 가장 실질적인 시험은 그 아이디어의 지지자들이 권력을 잡았을 때 이를 실행에 옮길 수 있는지 여부가 될 것이다. 그 답은 "그렇지 못하다"이다. 절대 그렇게 되지 않을 것이다. 정부가 문제이며 정부는 해결책이 되지 못한

다던 레이건은 오히려 재임시절 정부지출을 69퍼센트까지 증가시켰고 이후에야 미국은 막대한 재정적자라는 오명에서 벗어났다. 조지 W. 부시는 수조 달러의 비용이 든 메디케어 파트 D[13], 국토안보부[14], 그리고 두 차례의 전쟁을 우리에게 선사했다. 우리는 이러한 정치적 사실 때문에 공화당이나 민주당의 기득권층만큼 불만을 지닌 자유

---

13 Medicare Part D, 처방전 비용지원 보험. 미국 연방정부는 65세 이상의 시민권자나 5년 이상 거주한 영주권자를 대상으로 메디케어를 제공한다. 메디케어는 파트 A, B, C, D로 구성되며 파트 A와 B는 병원 등 일반적인 의료서비스에서 전체 의료비의 75퍼센트를 정부가 지원한다. 파트 C와 D는 민간 보험사가 판매하며, 보험사들은 가입자가 지불하는 월 보험료 외에 매월 가입자당 일정액을 메디케어로부터 지급받는다. 2006년 도입된 파트 D는 환자가 병원으로부터 약을 처방받은 후 메디케어에 환급을 요청하면 약값의 일정 금액을 환자에게 되돌려준다. 그러나 미국 보건복지부는 처방약 가격을 결정할 수 있는 권한이 없고, 제약회사와 민간 보험사가 이를 결정하면서 처방약 가격이 과잉 청구된다는 비판을 받고 있다. 또한 미국 노령인구가 900만 명에 달하는 현재, 의료보험예산이 미국 연방정부 예산의 25퍼센트를 차지하면서 의료복지제도의 개선을 요구하는 목소리가 높아지고 있다.

14 Department of Homeland Security, 9·11 테러 이후 각 부처로 분산된 대테러기능을 통합할 목적으로 신설된 행정부처로, CIA 이후 최대규모의 신설기구다.

지상주의적 보수주의자들이 많다는 걸 알고 있다. 그러나 자유지상주의적 보수주의자들은 언제나 방관자적 입장에서 비평을 하는 호사를 누려왔다. 그들은 오늘날까지 한 번도 국가를 통치할 일이 없었으니 말이다.

눈먼 자유지상주의자들
: 노 왓, 노 하우No What, No How

여기서 제한된 정부 관점의 핵심과 그 자유지상주의적 뿌리에 대해 잠시 생각해 보자. 자유지상주의는 가장 최악의 기계형 지성이다. 이는 사회적·경제적 시스템에 대한 선형적 이해를 바탕으로 한다. 또한 인간은 선천적으로 분명히 합리적이고 계산적이며 이기적이라는 그릇된 생각을 기본으로 하고 있다.

자유지상주의 성향의 경제 분야 싱크탱크, 카토 연구소Cato Institute의 데이비드 보아즈David Boaz 부소장은 "자유지상주의는 각 개인이 다른 사람의 동일한 권리를 존중하

는 이상 자신이 선택하는 방식대로 자유롭게 삶을 살 수 있
는 권리를 지녔다는 관점이다"라고 말했다. 그리고 "자유지
상주의자들은 각 개인의 생명과 자유, 부에 대한 권리를 옹
호한다. 이는 정부가 생겨나기 이전에 개인들이 자연적으
로 가지고 있는 권리들이다"라고 강조했다.

　언뜻 그럴싸하게 들리는 말이다. 이러한 세계관은 모
든 인간들이 합리적이며 언제나 모든 타인의 권리를 실
질적으로 옹호하는 역할을 한다고 가정한다. 또한 인간
사회는 평형적 시스템으로, 일부 참여자의 행동으로 인
해 붕괴되는 일은 거의 없다고 믿는다. 다시 말해서, 다
른 사람의 권리를 존중하지 않는 나쁜 행위자들은 고립
되며 그들의 행동은 다른 사람들의 행동에 영향을 미치
지 않을 것이라 생각한다.

　현대의 시스템적인 사고는 이런 가정들이 틀렸음을 보
여준다. 인간은 합리적이거나 계산적이지 않으며, 오직
일부만이 다른 사람들의 권리를 존중할 정도로 협조적이
다. 일부 인간 군상들은 분명 다른 사람의 권리를 존중하
지 않고 자신에게 유리하게 행동하며 규제를 망각하고

다른 사람들의 권리를 지배하려 든다. 게다가 이러한 이기적인 비협조자들의 행동은 다른 사람들에게 영향을 미치고 총체적 불신의 티핑 포인트까지 끌어올린다. 그 결과 규제가 거의 없는 사회 또는 나쁜 행동의 결과로 협력은 무너지고 곧 사회도 붕괴하게 된다.

그래서 '진정한' 자유지상주의적인 사회들은 여러 내전 중에 있게 되는 반면, 적극적인 정부가 이끄는 가장 협조적인 사회들만이 지구상에서 부유하고 안정적이며 안전한 사회가 된다. 자유지상주의는 공산주의 사회 안에서만 가능한 사치품이다. 만약 자유지상주의가 그 이상의 능력을 가졌다면 고기능의 자유지상주의 사회가 지구 어딘가에 존재해야만 한다.

정치경제학의 지배적인 서사에 따르면 규제는 사업을 운영하고 가치를 창출하는 능력을 제한함으로써 번영을 파괴한다. 그러나 우리 주변에 놓인 증거들에 눈을 돌리면 이는 말도 안 되는 이야기라는 것이 분명하게 드러난다. 안전벨트 규제법은 자동차 산업의 규모를 축소시키지 않았다. 오히려 안전성이 향상되고 운전의 시장성이 높아지면서 자동차 산업은 확장됐다. 식품위생법은 식품 산업의 규모를 줄이지 않았다. 오히려 소비자들이 대형 식품제조사를 신뢰하게 되며 식품 산업이 발전했다.

우리는 국가에 대한 불만을 가졌음에도 규제가 엄격한 국가일수록 좀 더 번영하며, 규제가 적거나 없는 국가들은 좀 더 빈곤하다는 것을 눈으로 확인할 수 있다. 그렇다고 규제가 본질적으로 좋은 것이다, 혹은 항상 규제가 더 많을수록 더 좋은 것이란 의미가 될까? 아니다. 구舊 소련이 그 예다. 그리고 인도처럼 특출한 경우가 아니어도 규제를 따라야 한다는 부담감은 성장을 억제할 수 있다. 그러나 일반적인 관점에서 정원을 가꾸는 것이 생산성을 위해 필수적이라는 사실과 마찬가지로 규제는 번영을 위해 필수적이다.

제한된 정부에 대한 자유지상주의적 연구는 경제 또는 사회가 휘발유로 움직이는 차 엔진처럼 폐쇄적인 시스템이라는 19세기적 개념에 바탕하고 있다. 휘발유가 줄어들면 차는 점점 천천히 가고 멀리 가지 못하게 된다. 시스템이 생산해내는 이익은 줄어든다. 시스템 구성원 간에는 제로섬 관계가 존재한다. 그러한 주장에는 '정부의 규제가 늘어날수록 산업 활동은 반드시 줄어들게 된다'는 논리가 뒤따르게 된다. 세금이 늘어나면 경제적 성장률은 떨어진다는 것이다.

사실 우리의 경제는 폐쇄적이지 않다. 개방적이다. 또한 피드백 루프는 부정적이지 않다. 긍정적이다. 시스템 구성원들은 서로에 대해 제로섬 관계가 아니라 공생관계다.

제로섬 경제추론은 소위 '식물 대 동물 오류the plants-and-animals fallacy'의 공격을 받게 된다. 자연 상태에서 더 많은 수의 동물이 생겨나는 것이 식물의 개체수를 제한하게 된다고 주장하는 것은 어리석은 생각이다. 식물은 동물에게 영양을 공급하고 동물은 씨앗이 퍼지는 것을 돕는다. 식물의 수가 늘어나면 더 많은 수의 동물이 살아갈 수 있게 된다. 생태학적으로 하나의 개체수가 늘어난다 해서 다른 하나의 개체수가 줄어드는 것은 아니다. 실제적으로는 다른 하나의 개체수가 늘어날 때가 더 많다. 관계는 제로섬이 아니라, 포지티브섬이다. 더 많은 동물을 원한다면 더 많은 식물이 필요하다.

산업을 활성화하기 위해 정부를 제한하는 것은 동물
의 수를 늘리기 위해 식물을 줄이는 것만큼이나 옳지 않
다. 민간 산업이 활성화되기 위해서는 활발한 국가의 개
입과 투자를 필요로 한다. 이는 큰 정부가 당연히 효율
적인 정부라는 의미가 아니다. 비평형성 경제에서 정부
의 역할은 투기 거품과 같은 해로운 종류의 수익이 늘어
나는 것을 막고 인터넷 혁명과 이에 수반되는 부의 창출
등 친사회적 수익을 장려하고 추진하는 데에 있다. 정부
는 이러한 역할을 효율적으로 수행할 수도, 비효율적으
로 수행할 수도 있지만 반드시 해야만 한다.

결과적으로 번영은 우리의 혁신능력에서 오는 결과가
되어야 한다. 혁신은 계속적으로 발전하고 증가하는 기
술을 필요로 한다. 그리고 이러한 기술은 계속적으로 교
육받고 훈련받는 사람들에 의해서만 창조되고 운영된다.
밭을 경작하도록 누군가를 훈련시키는 데에 드는 교육시
간은 컴퓨터 코딩을 가르치는 데 드는 시간보다 숫자적
으로 적다. 번영은 또한 더 많은 거래를 필요로 한다. 더
많은 거래는 더 많은 사회기반시설을 필요로 한다. 단순

히 도로와 다리, 또는 공항이나 기차역을 의미하는 것이
아니라 조약과 무역협정, 계약, 그리고 이를 만들어낼 사
람들을 필요로 하는 것이다.

  이러한 투자는 그저 번영이 가능하도록 할 뿐 아니라
번영 그 자체를 추구한다. 그리고 정부가 이러한 역할을
단 한 번만 수행하고 떠난다는 이야기가 아니다. 정부는
긍정적인 피드백이 계속될 수 있도록 지속적으로 투자해
야 한다. 제한된 정부 이론은 성장과 번영에 반하는 이론
이다. 종합적인 투자는 혁신을 이끌며 이러한 투자는 계
속적으로 재편되어야 한다는 주장에 반대되기 때문이다.

좌파의 실패
: 빅 왓, 빅 하우Big What, Big How

  아, 그렇다고 좌파가 훨씬 더 잘했다는 건 아니다. 비록
좌파가 우파에 비해 더 많은 일들을 바로잡았다 할지라
도 그들 역시 각성이 필요하다.

진보주의자들은 지난 몇십 년 동안 자동조종장치처럼 저절로 굴러가는 정부에 대한 접근법을 우리에게 제시하고 있다. 이러한 접근법의 중심에서 오바마 대통령은 진보적인 통치에 대해 다시 생각해보려는 긍정적인 개혁을 추진해왔다. 즉, 공교육 개혁정책인 〈레이스 투 더 톱 *Race to the Top*〉부터 시작해 벗어나 건강보험 혁신육성과 친환경에너지 시험 보조금 등을 추진하고 있다. 그러나 오바마는 이러한 계획들을 자신이 지닌 통치철학의 대표작으로 만들지는 못했다. 더 중요한 것은, 오바마는 정부의 역할이 무엇인지에 대한 큰 그림인 통치철학에 대해 이야기하지 않았다는 것이다. 오늘날 우리는 여전히 뉴딜과 위대한 사회 정책이 만들어낸 틀이 지배적인 국가에서 살고 있는 것이 현실이다. 우리들은 사회의 모든 측면에서 견고한 국가의 역할을 너무나 당연히 받아들이고 있다.

우파만큼이나 좌파 역시 '사람은 합리적으로 사익을 계산한다'는 가정에 사로잡히기 쉬운 것으로 드러났다. 좌파가 동의하지 않는 부분은 권위적인 톱다운 해결책을 선호한다는 데에 있다. 이것이 바로 '빅 왓, 빅 하우Big What and Big How'로, 진보적인 기계형 지성의 사고다. 제임스 스콧James Scott은 20세기 사회공학Social engineering 방식에 대한 이해를 돕는 저서《국가처럼 보기Seeing like a state》에서 '사회공학'이란 개념은 복잡한 인간문제들을 질서정연하고 예측 가능하며 관리할 수 있는 것으로 취급한다. 문제는 물론 현실이 전혀 그렇지 않다는 데에 있다. 스콧에 따르면 '불완전성을 하나로 묶어버리려는' 욕망은 '경화증硬化症, 비실용성, 밀어내기 효과'라는 세 가지 의미에서 오히려 문제를 일으킨다.

① 경화증: 역동적인 사회일수록 문제는 빠르게 커지고 큰 기관은 느리게 움직인다. 그것이 GM이나 AIG 또는 미국 주택도시개발부Department of Housing and Urban Development든 간에 '크다'는 것은 적응력이 떨어지고 엄청난 취약점과 위험성을 만들어낸다. 크다는 것은 조직이 너무나 복잡하게 얽혀 있다는 의미며 네트워크로 치밀하게 얽힌 시스템이 멈춰버리는 '복잡함이 가져오는

재앙'은 일상이 되기 시작한다. 청소년 사법제도나 공교육, 또는 건강보험제도 등에서 현실의 사람들이 거대함과 복잡함에서 오는 재앙에 비용을 지불하게 된 것이다. 예전에는 이 모든 영역에서 누군가 산업주의적 모델과 은유에 따라 그 당시의 문제를 해결할 수 있는 기계를 만들어냈다. 그리고 나면 더 이상 그 기계를 고치지 않았다. 더 문제는, 기계가 움직이지 않도록 제자리에 묶어놓았다는 점이다. 예를 들어, 노조는 수백만 노동자들의 삶을 분명 향상시켰지만 동시에 공조직과 사조직의 적응력을 약화시킬 수 있는 보호주의적 사규를 남기게 되었다.

② 비실용성 : 큰 정부가 적응하지 못하는 것은 크기와 속도 탓이 아니다. 큰 정부가 현장에서 필요한 실용적 지식에 대한 중앙전문가를 자처하기 때문이다. 이 점이 고전적인 우파의 주장처럼 들린다면, 그래도 상관없다. 진실이니까. 목표뿐 아니라 방식 역시 중앙에 있도록 정해질 때 정부는 언제나 현실에 한 발자국 늦다는 게 현실이다. 최선의 경우는 현실의 사람들이 결국 요리조리 빠져

나가 제2의 해결책을 생각해내는 것이다. 최악의 경우로는 구소련의 공영화가 초래한 기근처럼 사람들이 기계주의적 규칙에 의해 살거나 죽는 것이다. 이와는 반대로 실제 환경을 근접거리에서 관찰하고 자신들이 인지한 패턴을 파악한 사람들이 방식을 정할 때, 그게 아동복지든 호스피스 제도든 간에 실용적이고 비공식적이며 직관적이고 현장에 맞는 지식이 가장 중요해진다. 제임스 스콧은 '메티스[15]'라는 용어를 사용했다. 이는 상식, 노하우, 또는 특정한 상황에서의 처신법이라 불릴 수도 있겠다. 특정 환자를 건강하게 회복시킨다거나 특정한 형태의 화재를 진화하는 것들 말이다. 국가가 톱다운 형식에 가까워질수록 국가가 허용하는 메티스의 범위는 좁아진다.

③ 시민 몰아내기 효과 : 큰 정부에 대한 합의가 가져온 또 다른 부정적 결과는 정부의 행위가 문제 및 해결책

---

15 metis, 그리스어로 지혜라는 의미.

에 대한 공동체와 시민의 소유의식을 몰아내는 모든 방식에 우리가 더 이상 주목하지 않게 되었다는 것이다. 사람들이 정부를 하나의 커다란 자판기로 생각하게 될 때, 그래서 그저 동전을 넣으면 위대한 사회가 튀어나오게 될 것이라 생각할 때 위대한 시민의식은 위축된다. 시민들은 만족스럽지 못한 상황에서 자신의 역할은 돈을 지불하고 소비하고 기계를 발로 한번 차보는 데에 있다고 생각하기 시작한다. 정부는 그동안 그러해왔듯 우선 장려책을 없애버리고 그 후엔 인간적인 차원에서 문제를 해결하려는 시민집단의 능력을 없앤다. 정치학자이자 노벨경제학상 수상자인 엘리너 오스트롬Elinor Ostrom은 자원을 분배하고 공유지의 치안을 유지하고 무임 승차자를 처벌하며 상호의무와 강한 호혜성 원칙을 높은 수준으로 유지할 수 있는 네트워크를 스스로 만들어내는 전 세계적인 시민집단에 대해 자세히 설명한 바 있다. 이러한 네트워크는 분명 정부와 협력하고 있지만 정부에서 비롯된 것은 아니다. 진보주의자들에게 왜 비정부적 네트워크를 더욱 활성화하지 못하냐며 따지기 위해 우리 모두 강경

보수파가 될 필요는 없다. 우리는 탐욕스러운 보험회사가 주州마다 차별을 두는 행위처럼, 어떤 문제는 그저 평등한 적용을 요구하는 수준에서 해결이 가능하다는 것을 알고 있다. 그러나 더 많은 문제들은 우리가 시민으로서 인지하고 해결할 수 있으며 또 그래야만 하는 수준에서 발생한다.

우리에게 필요한 정부
: 빅 왓, 스몰 하우Big What, Small How

간략하게 말하자면, 우리는 큰 정부 대 작은 정부에 관한 논쟁은 이만 마무리짓고 '무엇What을 할 것인가에 대해서는 큰Big 정부, 어떻게How 할 것인가에 대해서는 작은Small 정부'가 시작되어야 한다고 본다. 즉, 정부는 위대한 국가적 목적과 목표를 설정하는 데엔 강하게, 이러한 목적과 목표를 달성하는 방식에는 약하게 접근해야 한다는 것이다. 곧 설명하겠지만, 정부는 서비스 제공자

이기보다는 도구 제작자가 되어야 한다. 채찍보다는 당근을 써야 하고 부모가 아닌 코치가 되어야 한다. 그리고 자판기가 아닌 시민행동을 위한 도구함이 되어야 한다. '빅 왓, 스몰 하우' 정부는 높이뛰기를 위한 장대를 높이 걸어두되 도약판에 최대한으로 투자해야 한다. 그리고는 사람들이 헌신과 노력을 통해 그 장대를 뛰어넘도록 경쟁하게 만들어야 한다.

이러한 접근법은 성공적으로 노력하기 위해서는 전략적인 방향과 적응성이 모두 필수적이란 점을 인식하고 있다. 전략을 통해 국가의 에너지가 집중되어야 하며 적응성을 통해 변화하는 지역적 조건에 빠르게 반응하고 방향을 바꿀 수 있어야 한다. 이는 생물적 진화의 패턴이기도 하다. 변화에 가장 민감한 감각기관인 중추신경계가 가장 전방에 있는 이유다.

분명히 얘기하지만, 우리는 아무런 자원도 제공하지 않은 채 책임만을 떠안기는 식의 권력이양을 주장하지 않는다. 우리는 지방정부에 대한 재정지원 없는 권한위임을 주장하는 것이 아니다. 권한을 위임하려면 재정지원이 뒤따라야 하고, 더 나아가서는 지방정부의 도전에도 재정이 지원되어야 한다. 정부가 더 큰 무엇인가를 정한다면 그에 따른 투자도 커져야 한다. 시민이 더 많이, 어떻게 해야 한다고 이야기하려면 시민에게는 그렇게 할 수 있는 도구가 주어져야 한다. 국가 또는 공동체가 민주주의의 실험장이 되어야 한다는 아이디어는 그 실험실이 양질의 실험을 해볼 수 있도록 충분히 재정지원을 받는 경우에만 의미가 있다.

정부에 관한 이론

LEFT	RIGHT	NEW
큰 정부	작은 정부	자치
서비스 제공자	스스로 할 것	도구 제작자
엄마	아빠	코치
권한위임	침묵	목표
규칙	규칙이 없음	장려책
중앙집권적	분권적	다중심적
빅 왓, 빅 하우	스몰 왓, 스몰 하우	빅 왓, 스몰 하우

많은 자유지상주의자들은 우리가 내놓은 등식에서 특히 '빅 왓' 부분에 거부감을 느낄 것이다. 그리고 정부가 민간부문의 광범위한 목표와 방향을 지정해줄 때 의도치 않은 결과가 뒤따를 수 있다고 경고할 것이다. 그러나 의도치 않은 결과란 특히나 민간부문에서는 다름 아닌 혁신이 된다. 환영을 받게 되든 아니든 간에 이는 새로운 기술을 낳게 되며 경쟁자들이 이를 받아들이도록 만들 것이다. 의도치 않은 결과는 바로 우리 등식의 다른 한 편이 '스몰 하우'인 이유가 된다. 친환경 에너지에 대한 압박이 훗날 유아교육의 혁명으로 이어질 수 있을지 여부는, 우주경쟁이 테프론 코팅 프라이팬을 탄생시켰다는 걸 그 누가 예측할 수 있었느냐 하는 문제만큼이나 알 수 없다.

제한된 정부 지지자들은 국가가 행한 모든 행동은 의도치 않은 결과를 낳기 때문에 국가는 중요한 몇 가지 역할만 해야 한다고 주장한다. 그러나 의도치 않은 결과들은 무위無爲의 이유가 되어서는 안 된다. 무위 역시 의도치 않은 결과를 초래하며, 행동으로 인해 벌어지는 결과보다 잠재적으로 해롭지 않은 것이 아니기 때문이다.

반대 측 의견으로, 몇몇 강성의 진보적 국가통제주의자들은 왜 우리가 소심한 입장을 취하는지 물을 것이다. 그리고 왜 더 많은 활동을 연방정부에서 관장하고 중앙집권화하지 않는지 물을 것이다. 이들은 사회보장제도를 예로 들며 "여기 정부가 주도하는데 잘 되어가는 뭔가가 있으니 더 해보자"라 말할 것이다. 실제로 우리는, 묵시적으로 이익을 약속하고 직접적으로 소득을 이동시키며 그 외 여러 가지를 보장하는 사회보장제도와 같은 프로그램은 국가에 의해 중앙집권적으로 운영되는 것이 최선이라는 점에 동의한다. 규모의 경제와 함께 필요성이 지속적으로 발생하고 실행과정의 투명성을 확보해야 하는 이유로, 정부에 의해 운영되어야 하는 활동들이 분명 있다. 그러나 우리는 그러한 활동의 수가 그다지 많지 않으며 점점 더 적어지고 있다는 점을 지적하고 싶다. 사람들의 행동과 트렌드의 발생이 지속적이고 역동적으로 이뤄지며 본질에 계속 영향을 미칠 때 정부는 좀 더 민첩하고 유연해질 필요가 있으며, 즉각적으로 대응하되 직접적으로 서비스를 제공하지는 않도록 노력해야 한다.

우리는 프랭클린 루스벨트가 그러했듯 정부의 '과감하고 집요한 실험'을 믿는다. 그러나 다행히도 오늘날 이러한 실험들을 왜곡하는 세계적인 전쟁은 아직 벌어지지 않았다. 따라서 실험자로서 우리는 좀 더 마음가짐을 단단히 하는 것이 필요하다. 목표는 야심차게, 방식은 창의적으로, 평가에는 가차 없어야 하며 성공의 축적과 실패의 축출에는 적극적이어야 한다.

'빅 왓'의 요소

정부에 있어서 '빅 왓'의 요소는 무엇인지 좀 더 심층적으로 살펴보자.

① 공동체를 위해 전략적인 목표를 세워야 한다 : 그것이 국가이든, 주州나 도시든 상관없다. 다만 반드시 도덕적인 의견을 바탕으로 전략적 목표를 세움으로써 나올

결과가 다른 사람들이 선호할 만해야 한다. 친환경 에너
지는 그렇지 않은 것보다 좋다. 대학에 가는 것은 안 가
는 것보다 좋다. '리얼푸드'는 정크푸드보다 좋다. 생산
적인 경제행위를 위해 신용거래를 하는 것은 투기적 성
격의 카지노 자본주의보다 좋다. 시장에 아무런 규제가
주어지지 않을 때 철저한 반사회적 경쟁이 뒤따른다. 정
부의 역할은 목표에 대해 광범위한 합의를 구하고 최대
한 친사회적인 경쟁을 촉진하는 데에 있다.

② 각 시민이 최대한의 능력치를 갖추고 동등한 기회
를 누릴 수 있도록 해야 한다: 이를 통해 시민들은 목
표달성에 참여할 수 있어야 한다. 시민참여는 공동방위
common defense와 경찰, 그리고 법원 등에서 시작된다. 세
금에서 비롯된 공공의 부는 그 일부가 교육과 건강을 발
전시키고 가장 부자인 자와 가장 가난한 자 사이의 격차
가 사회의 유동성을 침해할 정도로 커지지 않도록 하는
데에 쓰여야 한다는 의미다. 또한 전략적인 부문, 국가적
인 규모가 필요한 부문, 물리적이거나 기술적인 기반시

설, 또한 오직 정부만이 만들 수 있고 시장 참여자들은 만들 생각이 없는 공유 생산지에 큰 투자를 해야 한다는 의미다.

③ 신뢰를 구축하고 기업을 격려해야 한다 : 실제로 자본주의 사회에서 경쟁은 가장 필요한 요소가 아니다. 경쟁보다는 협력이다. 신뢰는 가장 귀중한 형태의 자본이며 번영과 안정을 만들어낸다. 특히나 미국처럼 다양한 구분에 따라 분열되기 쉬운 사회에서는 더욱 그렇다. 정부가 추구하는 가장 핵심적인 목표 중 하나는 신뢰를 적극적으로 장려해서 사회자본을 만들어내는 데에 있다. 이는 단순한 개인이 지닌 정직의 윤리가 아닌 공유된 경험에 의해 만들어지는 집단적인 호혜성을 의미한다. 국가적인 서비스가 중요하고 국가적인 서비스가 의무가 되어야 하는 이유다. 이는 함께 일하기는커녕 혼자서는 길조차 건널 수 없는 사람에게 힘을 더해준다. 정부지원 프로젝트들이 지원의 조건으로 적극적인 공동 작업을 요구하는 이유가 여기에 있다. 지역적인 수준에서는, 근린단

체를 지원하는 초기 자금 펀딩을 시작하는 것이 현명한
투자인 이유이기도 하다.

④ 진정한 경쟁을 유지하고 부의 영구적인 집중을 타
파해야 한다: 우리와 같은 비선형의 중요한 복잡시스템
에서는 장점과 약점이 빠르게 결합한다. 기회의 불균등
은 스스로 강화된다. 물론 이는 누진세를 통한 부의 재
분배를 가져오기도 한다. 그러나 분명히 짚어보자. 보
수주의 지도자들은 이미 부를 재분배하는 방식으로 통
치하고 있다. 그러나 여기서 부의 재분배는 이미 부자
인 자들을 대상으로 하고 있으며 미국의 사상과는 전혀
맞지 않는다. 시장 근본주의자들은 불평등이 자연스럽
고 필연적인 것이라고 주장한다. 능력은 평등하게 배분
할 수 없으며 결과물은 절대 똑같아질 수 없다는 점은
인정한다. 그러나 진정한 자본주의에는 진정한 경쟁이
필요하다. 노력 없이 취득하거나 상속받은 소득을 없애
고 능력과 능력이 맞서 경쟁할 수 있도록 해야 한다.

효과적인 '스몰 하우'의 요소

'무엇을 하는지'에는 큰 정부, '어떻게 하는지'에는 작은 정부가 되기 위해, 그 '어떻게'에 접근하는 몇 가지 방식을 소개한다.

① 지역적으로 생각하고 세계적으로 행동하라 : 정부가 국가적인 목표를 구축한다면 동시에 그 방법을 철저히 재지역화 하는 것이 필요하다. 그리고 지역적인 실험을 활발히 지원하고 의도적으로 이들을 서로 연계하는 것이 필요하다. 오바마 대통령의 교육개혁정책인 〈레이스 투 더 톱〉은 전략적인 국가이익이 걸린 영역에서 더 높은 정부 차원의 영향력과 낮은 차원의 책임감 및 창의성을 결합시키려는 좋은 예라 할 수 있다. 우리는 여기에서 한 발짝 더 나아가야 한다. 교육에 있어서 더욱 강력한 국가적인 내용 표준이 있어야 하며 국가 차원의 자금지원이 더 많이 이뤄져야 한다. 그리고 그러한 지원은 어린이들의 표준을 끌어올리기 위해 여러 방식을 개발해내

는 교육자들의 다양한 생태계를 대상으로 해야 한다. 그리하여 각 공립학교의 부모들은 학교 내에서 행해지는 교육의 질에 훨씬 더 많이 관여할 수 있어야 한다. 이는 교사를 채용하고 학교를 운영하는 방식과 교수법에 관해 더 많은 선택권을 가진다는 의미뿐 아니라 그 결과에 대해 더 많은 책임을 진다는 의미이기도 하다. 높고 일반적인 기준을 세우고 이를 지원해야 한다. 권한이 아래를 향하도록 해야 한다. 여러 실험이 연이어 시작되도록 해야 한다. 그리고 서로에게서 배울 수 있는 지역적인 실험이 가능하도록 전국적인, 나아가 세계적인 네트워크를 형성해야 한다. 생태학자 레이프 사가린Rafe Sagarin이 이야기했듯 자연에서 변화를 감지하는 체계는 언제나 분산되어 있어서 위협의 감지는 가능한 한 지엽적으로 이뤄진다. 그러나 이 모든 지엽적인 감각은 언제나 네트워크로 연결되어 있어서 그 반응은 전체적으로 조정된다. 사가린이 제안하듯이, 지역적인 실험장을 구축하고 상향식 혁신을 추구하며 전국적으로 혁신가들을 연결하는 동일한 접근법이 국가안보와 에너지 정책, 건강보험제도, 경제적 발전, 그리고 기타 분야에 적용되어야 한다. 오래된 신념은 걷어버리자. 지역적으로 생각하고 세계적으로 행동하자.

② 시민의 만물상이 되어야 한다 : 정부는 권한과 책임을 재지역화하면서 지역주민들이 활발히 활동하고 서로 네트워크를 구축할 수 있도록 자원을 제공해야만 한다. 여기에서 자원이란 돈을 의미하는 것이 아니다. 시민들이 스스로 문제를 해결할 수 있도록 권한을 주는 도구를 의미한다. 여기에서 도구란 시민과 도시가 중간책 없이 정보와 해결책을 공유할 수 있도록 하는 어플리케이션이 될 수도, 시민집단을 조직하는 책임을 진 지도자에 대한 보상이 될 수도 있다. 그리고 정원을 가꾸고 거리를 청소하며 상업 지역을 만드는 작은 조직들이 움직이게끔 하는 형식과 지침서가 될 수도 있다. 또한 공공 도서관과 같은 정부기관이 시민의 연결점이자 그러한 활동의 육성기관이 되도록 요구하는 것을 의미할 수도 있다. 오늘날과 같은 사회적 기업가 정신의 시대에 우리는 정부가 제

2의 '티치 포 아메리카[16]' 그리고 제2의 '시티 이어[17]'를 육성하길 바란다. 그리하여 시민 혁신가들이 끊임없이 실험하고 성공적인 실험은 확장할 수 있어야 한다.

이는 웹 2.0의 창안자 팀 오라일리Tim O'Reilly가 단순 명쾌하게 정의내린 비전이기도 하다. 즉, '플랫폼으로서의 정부govenrment as a platform'다. 정부는 개방적인 표준과 시스템을 만들어내야 하는 한편 시민이 만들고 데이터를 바탕으로 운영되는 체제가 활성화되도록 장려해야 한다. 오라일리의 말은 문자 그대로를 의미하는 동시에 비유적이며 우리는 이에 동의한다. 우리의 기본설정이 바뀌어야 한다. 정부는 가능한 한 시민행동을 크라우드 소싱crowd sourcing하는 촉매제가 되어야 하고 필요할 경우 자원과 전문가를 제공할 수 있어야 한다. 다 쓰러져가는 판자건물에 온통 쓰레기와 낙서로 뒤덮인 구

---

16 Teach For America, 뛰어난 대학생들이 2년간 도심빈민지역의 공립학교 교사로 봉사하게 하는 미국 사회적 기업.

17 City Year, 다양한 인종의 청년들이 참여한 지역봉사단체.

질구질한 동네를 생각해보자. 자치단체가 해결하길 기다리기 전에 이웃들 스스로 디지털적, 물리적 공구를 들고 정부로부터 일부 지원을 받아 이 동네를 고쳐보는 건 어떨까?

③ 더 똑똑한 주체가 되어야 한다: 진보주의자들은 정부를 우선적인 서비스 제공자로 보는 경우가 많다. 이러한 관점은 이 시대에는 맞지 않다. 일반적으로 정부 관료제는 시민들의 변화하는 요구사항에 대응할 만한 고품질·저비용의 서비스를 제공할 수 없다. 모든 차원에서 현재 정부 서비스를 통해 이뤄지고 있는 것들이 경쟁력 있는 민간조직으로 그 책임을 반드시 이양해야 한다고 본다. 이러한 움직임은 특히나 사회서비스를 제공하는 데에 있어서 이윤적 동기가 해로울 수 있는 비영리적 영역에서도 필요하다. 정부는 표준을 세우고 투명성을 보장하며 업무하는 사람들을 책임질 수 있는 능력을 지닌, 고도로 훈련된 계약주체가 되어야 한다. 가능한 한 모든 영역에서 정부는 민간보다 더 잘 운영할 수 없는 사업에

서 손을 떼어야 한다. 미국정부인쇄국은 유물과도 같다. 운전면허나 사냥면허, 혹은 항해면허에서는 정부가 독점 사업권을 나눠야 한다. 어떠한 사업모델이든 간에 제품과 서비스, 브랜드 구축의 통일된 표준이 세워지겠지만 실제적인 조직의 해당지역 소유자들이 서비스를 제공해야 한다.

물론 지방자치적인 차원에서 이미 다양한 계약이 이뤄지고 있는 것이 사실이다. 또한 이러한 민영화는 가끔 낭비와 수준 이하의 결과를 낳기도 한다. 그리고 정부상대 계약이 너무 많아지면서 비적응적이고 경쟁력 없는 정부 기관의 움직임을 그대로 따르게 되기도 한다. 우리는 효율적인 재단이나 벤처 투자가들처럼 정부가 더 나은 경쟁력을 갖추길 바란다. 정부는 성과를 측정하고 성공을 복제하며 실패를 쳐내기 위한 더 많은 권한을 개발해야 한다. 정부는 기업들이 기업 생태계 안에서 서로에게서 배우면서 경영방안을 개선하고 교환하는 한편 자원을 공동 관리하고 학습을 공유하도록 독려해야 한다.

④ 긍정적인 피드백 루프를 생성하고 강화해야 한다 : 경제와 같은 개방적인 복잡시스템이 지닌 가장 큰 특징 중의 하나는 좋은 의미와 나쁜 의미 모두를 포함하는 피드백 루프다. 정부는 두 종류의 피드백 루프가 작동하는 데에 중심적인 역할을 한다. 재정 거품이나 사기 행각과 같이 사회적으로 파괴적인 피드백 루프를 예측하고 통제하는 것이 정부의 주요 역할이 될 수도 있다. 그러나 동시에 현대정부는 친사회적 활동이 폭풍처럼 몰아칠 수 있도록 노력해야 한다. 중앙정부는 기초연구를 통해 새로운 시장을 만들어낼 수 있는 능력을 활용해 긍정적인 피드백 루프와 번영을 이끌어낼 수 있으며 그래야만 한다. DARPADefense Advanced Research Projects Agency, 미국 고등방위연구계획국의 인공지능 프로젝트가 구글을 낳은 것이 바로 그 예다. 또한 정부는 막대한 구매력과 영향력을 통해 수요를 창출해야 한다. 친환경 에너지 분야에서 정부가 맡아야 할 역할이 바로 그것이다.

⑤ 다양한 예방책을 제안해야 한다 : 능률적인 전염병

학자들은 치료보다는 예방에 더 많이 투자한다. 발병 후에 억제하려하기보다는 전염병의 싹을 잘라내 버리는 것이다. 정부의 모든 부서는 좀 더 보건공무원처럼 생각할 필요가 있다. 즉, 바람직한 결과를 늘 염두에 두고 행동의 흐름을 긴밀히 추적하며 세상을 '네트워크화된 네트워크'로 바라보고 주요 발병지점을 구별해내야 한다. 또한 좋은 행동의 전염은 장려하고 나쁜 행동의 전염은 막는 데 에너지를 쏟아야 한다. 간단히 말해, 치료보다는 예방에 초점을 맞춰야 한다는 것이다. 지난 20년간 미국 내 도시지역 경찰활동은 이러한 방향으로 움직여왔다. 그 결과 전국적으로 아동 범죄 예방단체인 '파이트 크라임Fight Crime'이나 '인베스트 인 키즈Invest in Kids' 같은 경찰과 아동 변호사 간의 연합들이 결성됐다. 따라서 이제는 비만이나 10대 임신 문제를 상대로 투쟁하기 위한, 또는 안정적인 가족 형태나 책임 있는 환경보호 활동을 장려하기 위한 노력이 필요한 때다. 정부는 네트워크를 발견하는 한편 원하는 방향으로 유행을 선도할 수 있는 독특하고 개관적인 위치에 있다. 정부는 공동 작업을 네트워크화하고 계속적으로 공적 자금을 공급받을 수 있는 실질적인 조건에 조기 개입하는 등 오늘날 대부분의 공공단체들이 적극적으로 추진하지 못하는 부분을 담당해야 한다. 정부는 진행 초기에 투자하는 것이 마지막에 투자하는 것보다 더 많은 배당금을 가져온다는 걸 보여주는 실험들을 실효성을 바탕으로 확장시켜야 한다. 오늘 당장 국가가 교도소에 자금 지원하는 걸 중단하고 유아교육에만 투자하기 시작해야 한다는 의미일까? 당연히 아니다. 하지만 오늘날 국가는 결과적으로 교도소보다는 유아교육에 훨씬 더 많이 투자해야 한다는 점에서 그 목적과 시간계획을 확실히 해야 한다는 의미다.

⑥ 더 많은 넛지Nudge를 만들어내야 한다 : 이제 우리는 확실히 정부가 중립적이기만 해서는 안 된다고 믿는다. 사실 정부는 친사회적인 목표와 활동에 있어서 확실하고 강경한 입장을 취해야 한다. 오바마 행정부에서 정보규제국장Office of Information and Regulatory affairs을 역임했고 《넛지 : 똑똑한 선택을 이끄는 힘Nudge : Improving

Decisions About Health, Wealth and Happiness》을 공저하기도 한 캐스 선스타인Cass Sunstein의 주장보다도 한 발짝 더 나아가, 우리는 그러한 판단이 때론 직접적인 정부 행위로 표현되어야 한다고 믿는다. 그러나 마찬가지로 우리는 똑똑한 선택을 유도하는 힘인 '넛지'를 지지한다. '선택설계choice architectures'를 기획함으로써 시민들에게 선택의 자유를 줄 뿐 아니라 좀 더 친사회적인 선택을 하도록 유도하는 것이다. 퇴직연금에 가입보다는 탈퇴하도록 기획하든, 또는 식품 영양 성분표나 가구당 에너지 소비량을 표시하든 간에 정책결정에 행동과학과 넛지를 적용하는 것은 현명하고도 적응적이다.

⑦ 더욱 전략적이고 누진적으로 과세해야 한다 : 오늘날의 세법은 마구잡이로 구성되어 있다. 세금을 부과하는 능력은 중앙정부가 설정하는 광범위한 목표들에 맞춰 좀 더 전략적으로 사용되어야 한다. 세법은 마치 퍼스널 트레이너가 좋은 습관은 강화하고 나쁜 습관은 엄격하게 바로 잡아서 우리가 건강한 몸매를 유지하도록 도와

주는 것처럼 사용되어야 한다. 에너지 소비를 줄이기 위해서는 강력한 탄소세가 필요하다. 비만을 억제하기 위해서는 설탕세가 필요하다. 부동산세는 불로소득을 바로잡고 사회의 계급화를 막기 위해 필요하다. 그러나 가장 전략적인 과세는 개인에게나 기업에게나 빠져나갈 구멍을 거의 주지 않는 누진과세다. 조직적이지 못한 과세가 계속되다 보면 GE와 같은 기업들이 무책임하게 세금 납부에서 벗어나게 되는 사태가 발생하게 된다. 주택과 교육에 있어서 부유층을 상대로 한 당황스러운 감세 조치는 기회에 관한 어떠한 이론과도 배치된다. 예를 들어 가장 부유한 계층들이 95,000달러 이상의 세금혜택을 누리는 동안 중산층 가족은 고작 몇백 달러의 이익을 얻고 빈곤층은 심지어 저축 때문에 벌금까지 물게 되는 것이다. 고작 1퍼센트의 국민이 국가 전체의 부 가운데 삼분의 일을 누리면서 지난 30년간 해오던 대로 앞으로 30년을 살게 된다면 이는 국가적인 자살행위나 마찬가지다. 누진세는 사회가 지속적으로 공동번영을 도모하는 선순환을 만들어낼 수 있는 유일한 방법이다.

⑧ 장려책을 마련하고 기대 이상의 실적은 포상해야
한다: 사전규제와 사후처벌은 정부가 기업과 개인의 행
동에 영향을 주기 위해 가장 자주 사용하는 두 가지 도
구다. 여기엔 '적응형 정부'라는 관점이 제시하는 중요한
한 가지가 빠져 있다. 바로 우수함에 대한 포상이다. 기
대 이하의 실적은 처벌하고 기대 이상의 실적에 대해서
는 시스템 차원의 엄청난 포상을 내리는 것이다. 건축법
규, 유아교육, 건강보험, 자동차 연료 마일리지 등 정부
전반에 걸쳐 더 나은 시스템을 기획하기 위해서는 더 많
은 경쟁이 이뤄져야 한다. 그리고 가령 어느 민간 재단이
유인우주비행선 분야에서 혁신적인 아이디어를 내놓은
이에게 상을 주는 엑스 프라이즈X Prize 같은 대회가 정부
의 각 분야에도 필요하다. 기대 이상의 실적에 대한 전략
적인 인식과 포상은 공공부문에서 혁신이 물결치도록 만
드는 가장 빠른 방법이다. 환경오염의 경우 성과가 좋지
않는 행위자는 벌금을 물고 그 벌금이 성과가 좋은 행위
자에게는 보상으로 돌아가도록 해야 한다. 기대 이상의
실적을 보인 행위자는 각종 규제 심사를 빠르게 통과할

수 있다거나 생산적인 투자를 위한 신용거래에 더 쉽게 접근할 수 있는 등, 마치 '하이패스'와 같은 이점을 누릴 수 있어야 한다. 이를 통해 정부는 우수한 성과는 그 성공이 영속적으로 이어지도록 돕는 한편, 나쁜 성과는 그 실패를 끝맺도록 압박할 수 있다.

⑨ 가차 없이 솎아내야 한다: '근거에 기초한 실행과 재정지원'이란 말은 너무나 당연하게 들리지만, 정작 제대로 운영되는 경우는 드물다. 정부의 활동은 실질적으로 근거에 기반해야 한다. 예를 들어 1차 진료 방식과 관련해 우리가 지지하는 실험으로부터 성공적인 모델을 뽑아낼 수 있다면 그 방식은 복제되어야 한다. 어떤 프로그램이 실패하거나 이미 효용을 다했다는 점이 증명됐다면 그 프로그램은 종료되어야 한다. 그리고 정부는 무엇인가를 끝내기 위해 지속적으로 관찰해야 한다. 실제로, 정부는 매년 일정 비율의 프로그램을 종료시키려는 목표를 가져야 한다. 그리고 그 자원은 새로운 도전을 위해 적응적인 방식으로 재배치되어야 한다. 오바마 행정부는 조용

하고도 강한 태도로 근거에 기반한 재정지원을 시작하거나 철회했다. 그리고 이는 교육연구와 보건혁신 등의 분야에서 연방정부가 사업을 벌이는 더 일반적인 방식이 되어가고 있다. 우리는 이러한 방식이 더욱 확산되길 원한다. 우리의 전체적인 철학과 마찬가지로 핵심은 정부를 끝내는 것이 아니라 현재 정부가 하는 방식을 끝내는 데에 있다. 정부는 관성에 젖거나 생기가 없거나 불변해서는 안 된다. 정부는 살아 있어야 하고 유기적이어야 하며 진화해야 한다.

민주주의 되찾기

그러나 우리는 이러한 용도변경이 이뤄지기 전에 민주주의적 실행과 통치의 원칙이 먼저 바뀌어야 한다고 본다. 예를 들어, 누구나 자신의 정치철학과는 상관없이 직면하는 근본적인 문제가 있다. 바로 서서히 부패하고 있는 선거자금 조달 시스템이다. 현 시스템에서는 연설이 돈으로 이어지고 정치인들은 부유층에 아부하도록 강요 당하며 로비스트들이 비선실세가 된다. 그리고 정부는 돈을 지불하고 살 수 있는 존재라는 믿음에 신빙성을 더 한다. 그러한 부패가 더욱 심각하게 드러나고 존재하게 될수록 국민들이 정부의 역할에 대해 다시 생각해볼 기 회를 얻어내기란 더욱 어려워진다. 우리가 티파티 운동 이 보여주는 시민 활동주의를 어느 정도 인정하는 이유 가 여기에 있다. 물론 이 운동은 정책에 대한 관점을 오 도했고 그 동기가 불분명해지긴 했으나 정부에 대한 소 유의식을 되찾고 스스로 선출한 지도자의 주목을 다시 끌려 시도했기 때문이다.

따라서 좌파든 우파든 어떤 입장이든 간에, 시민으로 서 우리는 정부가 움직이는 과정을 정화하기 위한 다음 의 어젠다를 끝까지 밀고 나가야 한다.

• 선거구 조정을 개편해야 한다: 오늘날의 게리맨더링[18]은 선 거구를 이데올로기적으로 균일하게 만들었으며 정치를 더 양 극화시켰다. 하원의원 선거구는 정당과는 별도로 구획되어야

하며 재임자를 보호하기 위해서가 아니라 유권자의 시각을 다양하게 반영하기 위해 최적화되어야 한다.

- 정치자금을 제한해야 한다 : 대부분의 사람들은 정치가 돈을 가진 이들에 의해 조작되는 게임이라고 생각한다. 옳은 말이다. 미국 연방대법원이 기업의 정치자금 지출제한을 없애도록 판결을 내린 '시티즌스 유나이티드[19]' 사건은 터무니없는 것으로, 이는 선거자금에 대한 오랜 진리를 더욱 강조하는 꼴이 되었다. 즉, 합법적으로 인정되는 행동 가운데 다수가 여전히 부패했다는 것이다. 이제는 선거자금에 대한 드라마틱한 제한이 필요한 때다.

- 낙하산 인사를 중단해야 한다 : 의회 의원들과 고위 공무원들이 자리에서 물러나 한때 자신들이 규제했던 기업에서 일하는데 이를 아무도 신경 쓰지 않는다는 건 미국의 국가적 윤리가 얼마나 표류하고 있는지를 보여주는 척도다. 이는 양당

---

18   Gerrymandering, 선거구를 자신의 정당에 유리하게 변경하는 행위.
19   Citizens United, 미국의 보수주의 시민단체.

모두가 저지르는 죄악으로, 반드시 끝나야만 한다.

- 필리버스터(filibuster, 의사진행방해)를 개혁해야 한다 : 우리가 지난 몇 년간 공화당과 민주당 정부하에서 목격해왔듯이 미국 상원의회의 규칙은 적응성에 불리하게 만들어져 있다. 본질적으로 가장 어려운 사안에 대해 압도적인 다수의 의견만이 존재하도록 만드는 행위는 반드시 끝을 맺어야 한다.

- 선거를 새로이 활성해야 한다 : 미국에서 선거는 의무적이며 따라서 국민을 대표한다는 건 허구가 아닌 현실이다. 공화당은 그동안 유색인종과 청년층 투표율을 억제하기 위해 노력해왔다. 이는 매우 부끄러운 일이며 반드시 뿌리 뽑혀야 한다.

이러한 개혁들은 현실감각 없는 개혁가들의 위시리스트가 아니다. 경제학자 멘슈어 올슨Mancur Olson이 '집단행동의 논리the logic of collective action'라 부른 존재에 무릎 꿇은 정치적 통일체에 반드시 필요한 치료법이다.[20] 이익집단의 요구사항에만 초점을 맞추는 것은 마치 동맥경화와 같이 국가가 움직이거나 변화하는 능력을 가로막는다. 통치의 원칙을 개혁하는 것은 공공의 과제에 대한 공공의 반응속도를 높여준다. 그럼으로써 양극화를 밀어내고 모든 국민을 끌어안으며 문제해결을 장려한다. 또한 정부로 하여금 통찰력 있는 시각을 키우고 전략을 더욱 민첩하게 실행하도록 함으로써 정부의 적응성을 높인다.

적응이냐 죽음이냐

물론, 정부의 역할은 무엇이냐에 대한 국가적인 이해를 바꿔놓는 좋은 방법이 있다. 정부에 대한 우리의 이론은 어떤 하나의 이름으로 묶이는 것이 아니다. 좌파도,

---

20 올슨은 집단행동과 관련해 '합리적 개인은 공익을 자발적으로 추구하지 않고 다른 사람에게 비용을 전가하며 무임 승차하려 한다'고 보았다.

우파도, 중도도 아니다. 지역차원의 실용적 지식을 중시
하는 한편 적응력과 책임감을 철저히 향상시키기 위해
시장과 경쟁을 적절히 활용하려 한다는 점에서는 '보수
적'이다. 그리고 중앙정부가 강한 사회개선론자의 역할
을 맡도록 제안한다는 점에서는 '진보적'이다. 즉, 정부가
야심찬 목표를 설정하고 공평한 경쟁의 장을 마련하며
모든 이들이 공정하고 완전하게 경쟁할 수 있도록 장비
를 갖춰주는 한편 공동행동을 통해 해결해야 하는 공유
지의 엄청난 비극을 인식하길 원하는 것이다. 여기서 중
요한 것은 국가정체성과 지방권력 모두다. 네트워크화된
지역주의localism 역시 중요하다. 그리고 무엇보다도 효과
성이 가장 중요하다.

　국가 운영에 있어서 빅 왓, 스몰 하우의 접근법은 공
공지출을 축소하기 위한 평계가 아니다. 더 좋은 보모 같
은 국가를 주장하는 것이 아니다. 이는 그저 모든 측면에
서 정부를 '소유'하는 체계다. 정부에 대한 권리를 보유
하면서 책임도 함께 지는 것이다. 빅 왓, 스몰 하우는 요
령 있는 정원사가 일하는 방식이다. 정원사는 넝쿨에게

담장을 타도록 시키거나 장미가 저절로 피게 만들 수는
없다. 그러나 채소를 심을지 꽃을 심을지 결정한다. 그
리고 그에 따라 씨앗을 심는다. 필요한 토마토와 불필요
한 잡초 사이에서 무엇이 제대로 자라고 무엇이 잘못 자
랐는지 구분해낸다. 무엇보다도 정원사는 자신이 정원을
가꾸지 않으면 그 누구도 하지 않을 것이라는 사실을 잘
알고 있다.

　존 애덤스John Adams, 미국 제2대 대통령는 어린 나이에 아
버지를 잃고 영지를 상속받았다. 그는 곧 자신이 집뿐만
아니라 일련의 의무들도 함께 물려받았음을 알게 되었
다. 지역의 장로들은 애덤스에게 길을 정비하고 다른 공
공의 업무를 처리할 책임이 있으며 무엇보다도 다리를
건설하는 일이 가장 시급하다고 알렸다. 애덤스가 자신
은 다리 건설에 대해서는 아무것도 모른다고 항의하자,
장로들은 "알아내라"며 핵심을 찔렀다. 그리고 애덤스는
결국 그렇게 했다. 전문가들을 고용하고 마을을 대표해
그들을 감시한 것이다. 정부에 관한 우리의 생각은 시민
의식에 대한 생각과 마찬가지다. 우리 각자가 젊은 날의

존 애덤스처럼, 무엇인가를 알아내기 위해 지금껏 깨달았던 것보다 더 책임감을 지녀야 한다는 것이다.

정부는 우리가 각자 혼자서는 해결할 수 없는 공통의 문제를 해결하기 위해 사회가 만들어낸 존재다. 우리는 정부의 역할은 개인적인 기회를 극대화하는 데에 있다는 우파의 의견에 동의한다. 다만 이는 신뢰와 협력, 그리고 개개인의 출발선을 조정하는 기회의 균등을 최대화하는 방식으로 이뤄져야 한다. 우리는 정부의 역할이 공정함과 정의로움을 보장하는 데에 있다는 좌파의 의견에도 동의한다. 다만 이는 좀 더 지역적이고 현실적이며 반응적인 방식을 사용해 사람들에게 자치에 대한 더 큰 책임감을 부여하는 방식으로 이뤄져야 한다.

빅 왓, 스몰 하우 접근법은 광범위한 국가적 목표를 추구하기 위해 협력하고 우리만의 방식을 개발하기 위해 준비함으로써 사람들이 정부를 바라보는 방식을 근본적으로 바꿔놓을 수 있다. 정부는 '그들'이 아닌 '우리'인 것이다. 우리가 정부다. 우리는 정부를 소유하고 있으며 그렇다면 정부를 유지할 수도 있는 것이다.

정부에 대한 우리의 새로운 이론은 실행 단계에서 새로운 문제를 초래할까? 물론이다. 의도치 않은 결과를 초래할 것이고 영역 다툼과 파벌싸움과 쇼터미즘Short-termism, 단기실적주의이라는 패턴을 만들어낼 것이다. 그리고 어쩔 수 없이 새로운 타협점을 찾게 할 것이다. 그러나 또한 지금의 우리 정치가 지닌 근본적인 문제점을 해결해줄 것이고, 그 해결 방법이란 현 정부보다 더욱 적응력과 책임감 있는 정부를 만드는 것이 될 것이다. 계속적이고 냉정한 진화evolution는, 끊임없이 반복되면서도 전혀 보답받지 못하는 혁명revolution의 미사여구를 대체하게 될 것이다.

책 처음에서 이야기했듯 정부를 반사적으로, 심지어는 배려 넘치게 방어해주는 것으로는 충분치 않다. 반정부 행동가들로부터 몇몇 아이디어만 따와서 삼각관계를 만들거나 시간을 버는 것만으로도 충분치 않다. 그보다 우리 모두는 냉소적으로 시작한 토론에 진심으로 참여할 때가 왔다. 진정한 자유와 영원한 정의를 찾는 모험에서 국가와 국민이 맡아야 할 역할을 재정립하고 재조정하는 일에 착수할 시간이 왔다. 빅 왓, 스몰 하우는 진보적인 자치의 적응 형태를 찾기 위한 절호의 기회를 의미한다. 이제, 행동에 옮길 때다.

제6장

수확

뿌리는 대로 거둔다

모든 개인 혹은 국가가 자신만을 위한다면,
그 누구도 오래도록 자유로울 수 없다.
자유란 '우리는 함께'라는 말을 다르게 표현한 것일 뿐이다.

자유가 의미를 가지고 실행되며 평등해지기 위해서는 자유로운 개인들이 자신의 욕구를 억제하고 이기적인 비축을 제한하는 한편 함께 관용하고 희생해야 한다. 한마디로 스스로를 '다스려야' 한다는 것이다.

이 책을 통해 우리는 이러한 도덕적 논의를 실용적인 유사체類似體로 만들려 한다. 그리고 여기에는 최신의 과학적인 가르침과 경험에서 오는 오랜 교훈이 힘을 더해 줄 것이다.

우리의 관점은 19세기의 기계형 지성에서 21세기의 정원형 지성으로 움직여야 할 필요성에서 비롯됐다. 우리가 이미 구식이 되어버린, 편협한 어제의 은유를 바꾸어야 오늘과 내일의 도전에 맞설 수 있게 된다.

우리는 인간행동의 추진력이라 할 수 있는 사익에서부터 이야기를 시작했다. 그리고 진정한 사익은 공동의 이익이라는 새로운 서사를 만들어냈다. 이는 그저 개인적인 관점이 아니라 두 번째 계몽주의 시대가 선호하는 관점이다. 즉 인간이 완전히 이기적이고 원자화되며 독립적인 존재가 아니라 철저히 호혜적이고 네트워크화되며 상호의존적인 존재가 되어야 한다는 것이다. 우리는 이 신新계몽주의적인 사익을 바탕으로 시민의식의 새로운 개념을 제시했다. 새로운 시민의식은 모든 행동의 전염적인 속성과 민주국가에서의 책임을 고려해야 한다. 그리고 우리 모두, 우리가 행동하는 대로 사회가 만들어지는 것처럼 사고해야 한다. 왜냐하면 그것이 사실이기 때문이다.

그러고 나서 우리는 경제가 언제나 자체적으로 평형상태를 유지할 수 있는 기계라고 상상한 대가에 대해 살펴보았다. 우리는 경제를, 아름다운 꽃이 만개할 수도 혹은 독초로 피어날 수도 있는 식물들이 우거진 정원처럼 여겼어야 했다. 기계에서 정원으로, 이러한 은유의 전환이 가진 영향력은 그 필연적인 경험적 결과를 통해 가장 높이 평가된다. 정원이나 시장경제와 같은 복잡적응시스템 안에서, 우리는 스스로 꽃을 피운다 해서 다른 사람들을 시들게 할 수 없으나 그들이 사그라지면 결국 우리도 그리됨을 알게 되었다. 결국 우리는 다같이 잘살 때 비로소 모두가 잘살게 되는 것이다.

마지막으로, 우리는 정부의 역할에 있어서 이 모든 것이 무슨 의미를 가지는지 살펴보았다. 복잡적응시스템은 세계가 불확정적이고 연결되어 있으며 끊임없이 변화한다고 본다. 그리고 관료정치를 중앙집권화한 기계형 지성과 제한된 정부에 대한 자유지상주의적인 환상 모두가 지닌 어리석음을 폭로했다. 이제 무엇보다도 우리에게 필요한 것은 큰 정부나 작은 정부가 아니다. 우리에게 필요한 건 '무엇'에 관해서는 크고 '어떻게'에 관해서는 작은 정부 즉 빅 왓, 스몰 하우 정부다. 이러한 정부는 세계를 네트워크, 시스템, 그리고 전염의 연속으로 바라본다. 이러한 정부는 공유된 개념으로서의 공익을 달성하기 위해 정부가 할 수 있는 부분에는 참여하고 할 수 없는 부분에서는 물러선다. 그리고 이러한 정부는 어떻게 키울지가 아닌 무엇을 키울지에 좀 더 초점을 맞춘다.

전체적으로 우리는 민주주의를 널따란 정원으로 이해하고 묘사해왔다. 시민 생활과 공동체 생활이라는 정원, 시장과 경제라는 정원, 그리고 지역적 차원부터 국가적 차원까지, '우리의 정부'라는 정원이다. 어떠한 모습이든 간에 주제는 간단하다. 우리는 우리가 알고 있는 것보다 훨씬 더 서로에게 연결되어 있다. 우리와 우리의 시스템은 시계공이 아닌 정원사의 법을 따르고 있다. 우리에게 필요한 것은 한번 움직이기 시작한 존재를 그대로 내버려두는 것이 아니라 '성향에 맞춰가도록' 하는 것이다. 정원사는 생태계의 역할을 잘 이해하는 한편 자신이 자연을 '만드는' 것이 아니란 걸 아는 겸손함을 갖췄다. 그러나 동시에 자연을 '가꾸는' 건 자신의 적극적인 손길에 달려 있다는 사실을 이해한다. 이것이 야생으로부터 정원을 구분지어 주는 것이다.

　요컨대 우리는 성인 버전의 자유에 대해 이야기하고 있다. 자유란 무엇인가? 오직 어린이와 미성숙한 인간만이, 자유에 대해 "내가 하고 싶은 모든 걸 할 수 있다"는 것이라 진심으로 믿는다. 오직 미성숙한 이들만, "나를 밟지 마"와 같은 슬로건이 모든 규제를 압제적으로 만든다고 믿는 과오를 저지른다. 성인들은 어느 정도 개인의 자유를 제한하는 것이 결국 핵심적인 자유를 폭넓고 더 잘 즐길 수 있게 해주는 유일한 방법이라는 것을 안다.

어느 높은 수준의 가족, 스포츠클럽, 산업 또는 국가도 통치 과정에서 사람들이 하고 싶은 대로 하게 내버려두지 않는다. 높은 수준의 개인도 마찬가지다. 진정한 승자는 자율성이 아닌 협력에서 나온다. 우리는 이를 위해 세금과 시간과 방종을 포기했다. 대신 성공을 가능케 해주는 안전과 사회기반시설과 규칙을 얻었다. 자유는 공짜가 아니다. 자유를 누리기 위해서는 약간의 자유를 희생해야 한다.

자유는 또한 우리가 개인적으로나 전체적으로 적응하고 진화하며 발전할 수 있게 만들어준다. 역사는 위대한 문명도 변화에 직면하면 경화증과 마비와 부패로 무릎 꿇곤 한다는 교훈을 준다. 미국 문명은 내재적인 장점을 지니고 있다. 계획에 따라 적응할 수 있다는 장점이다. 그러나 그 어떤 것도 운명적으로 정해지지 않았다. 인간의 절실한 필요를 무시하고 고정된 이데올로기에 계속 사로잡혀 있게 된다면, 미국인들의 개척정신은 아무런 의미가 없어질 것이다. 우리가 독립적인 사고의 정치를 계속 요구하다 보면 국가는 약속을 지킬 방법을 찾게 될 것이다. 이는 전적으로 우리의 선택이다. 우리는 뿌리는 대로 거두게 된다.

폭군에 맞서 싸운 전투들이 끝나고 개척시대가 마무리된 지 몇 세대가 흘렀다. 그리고 부와 권력을 집중시켜 시민의 평등을 저해하는 새로운 형태의 산업자본주의가 등장한지 한 세기가 지나고 이제는 21세기에 접어들었다. 우리는 이 다양성의 시대에서 개인의 합보다 훨씬 더 큰 합을 내놓기 위해 팀워크가 필요하다는 걸 당연히 기억해야 한다.

이는 그저 우리의 소원이나 이상이 아니다. 우리는 매우 실용적인 입장을 취하고 있다. 냉소적인 계산으로서의 실용주의가 아니라, 무엇이 합당한지 판단하는 방식으로서의 실용주의 말이다. 이는 미국의 또 다른 훌륭한 전통이라 할 수 있겠다. 이데올로기를 이데올로기로서 당연하게 받아들이기를 거부하고, 가치가 지닌 가치는 사회를 위해 좋은 성과물을 내놓을 수 있느냐에 있다는 사실을 기억하는 것이다. 가치는 의견이 아니다. 가치는 실제다. 즉, 가치에는 결과가 있다. 자유지상주의적 이기심과 개인의 원자화가 가져온 실질적이고 경험적인 결과는 재앙이었다. 가치체계의 궁극적인 척도는 '우리에게 효과가 있느냐'가 되어야 한다. 이 책을 통해 우리는 과학적 이론과 실제 경험을 바탕으로 시장에 대한 자유지상주의적 생각과 시민의식, 그리고 국가가 국가 통제주의자나 지휘·통제적 사고방식보다 효과적인 것은 아니란 걸 보여주려 노력했다.

결국 신은 우리 개개인을 축복하리라. 그리고 개인들이 번성할 수 있게 해주는 이 나라 전체를 축복하리라. 우리는 개인의 권리와 집단의 책임 가운데에서 거짓 선택을 용인할 수는 없다. 당신은 이 두 가지를 모두 가질 수 있다. 둘 다 가지지 않는다면 어느 것도 가질 수 없게 된다. 그리고 이기기 위해서 반드시 둘 다 가져야 한다. 양도할 수 없는 권리에는 양도할 수 없는 책임이 함께 딸려온다.

정부는 폭군과 같고 집단적 행동은 공산주의와 같으며, 따라서 억압적이기 때문에 혁명이 진정한 의미를 가진다는 견해가 있다. 그리고 이러한 견해는 최근 티파티 운동에 의해 구체화되었다. 그러나 현실에서의 혁명과 그 혁명에서 비롯된 지적·도덕적·정치적 환경은 미국 건국자들이 상호의무로서의 자유와 의무로서의 권리라는 철학으로부터 영향받았다는 것을 보여준다. 토머스 제퍼슨은 독립선언문을 쓰던 당시 자유롭다는 것은 다른 사람들에게 의무를 지닌다는 의미며 내 자신을 돌본다는 것은 다른 사람에게 신경을 쓴다는 의미임을 잘 이해하고 있었다. 역사는 우리에게 다음과 같은 교훈을 준다. 모든 사람이나 국가가 자신만을 위할 경우 어느 누구도 그리 오래 자유로울 수 없다는 것이다. 자유란 '우리는 함께'라는 말을 다르게 표현한 것일 뿐이다. 자유에 다른 의미가 있다면 그건 바로 '책임'일 것이다. 결국 자유는 곧 책임이 된다.

제퍼슨과 동료들이 일선에서 물러난 후, 대니얼 웹스터Daniel Webster와 같은 2세대 미국시민들이 주목받게 된다. 이들은 독립혁명 당시 태어난 진정한 의미의 첫 상속자로, 부를 추구하는 것이 국가적 목표이던 당시 공화주의적 이상을 지켜야만 했다. 비록 건국자들과 헌법입안자들을 우상화하고 있으나, 실제 우리와 가장 밀접한 이들은 바로 이 '웹스터 세대'들이라 할 수 있을 것이다. 이제 결정은 우리의 몫이다. 오랜 기간에 걸쳐 쟁취한 독립을 바탕으로 이제 우리는 상호의존을 추구할 수 있을까? 우리는 성숙한 인간으로서 '무엇으로부터의 자유'만큼이나 '무엇인가를 위한 자유'를 주장할 수 있을까? 우리는 민주주의를 잘 운영할 수 있을까? 우리는 우리 시대의 엄청난 도전들에 잘 적응할 수 있을까? 아니면 실패하게 될까?

훌륭한 씨앗들이 우리를 위해 뿌려졌다. 이제는 현명함과 겸손함을 바탕으로 민주주의의 정원을 가꿔 나가야 할 차례다.

감사의 말

우리는 시스템과 시민 영역에서 사람들이 지닌 심오한 본성을 두고, 과학적인 영역 전체에서 이뤄지고 있는 논의를 확장해보려 했다. 우리는 이러한 새로운 관점이 궁극적으로 정치와 경제, 그리고 정부에 관한 이론을 완전히 바꿔놓을 것이라 굳게 믿고 있다.

요컨대 우리가 어떠한 기여를 했다면 그건 독창적인 학문으로서가 아닌 종합과 해석으로서일 것이다. 다른 많은 이들의 학문과 연구가 아니었다면 이 책은 나오지 못했을 것이다.

《부는 어디에서 오는가》의 저자이자 우리의 친구 에릭 바인하커는 이 책에 가장 큰 영향을 미쳤다. 에릭의 작업은 우리의 생각을 구성한 필수적인 요소다. 우리가 쏟아 내는 질문을 대하는 그의 참을성과 원고를 다듬어준 손 길은 헌신 그 이상이었다.

우리는 다른 많은 학자들과의 대화로부터 깊은 영향 을 받았다. 제나 베드나, 프랜시스 후쿠야마, 조너선 하이 트, 마이크 린드, 제프 매드릭, 스콧 페이지, 레이프 사가 린 그리고 마이클 샌델은 우리가 새로운 관점으로 사물 을 바라볼 수 있게 해줬다. 그들의 조언을 전적으로 따르 지는 않았지만 언제나 크나큰 도움을 얻었다.

정치계와 사상계의 친구들도 어마어마한 도움을 주었 다. 롭 스테인은 우리에게 훌륭한 멘토가 되어줬다. 그리 고 자베 블루멘탈, 밥 보로세이지, 빌 버딩거, 존 코완, 앨 런 더닝 에드 라조우스카, 타라 맥기네스, 젠 팔미에리, 앤디 리치, 제레미 로스너, 그리고 마이클 토마스키는 우 리의 생각을 가다듬어주었고 우리의 초고를 훌륭하게 비 평해주었다.

편집자 데보라 브라운은 이 책의 겉모습과 느낌을 잡 아주었을 뿐 아니라 제목도 제안해주었다! 유연하고도

능수능란한 출판인 게리 루크는 출판이 순조롭게 이뤄지게 도와주었다. 전작《진정한 애국자》시절부터 우리의 파트너였던 둘과의 인연이 계속될 수 있음에 감사드린다.

마지막으로, 엄청난 인내와 사랑으로 우리의 끝없는 장난을 참고 견뎌준 레슬리 하나우어와 제나 케인, 그리고 우리 아이들에게 깊은 감사의 마음을 전한다.

읽을거리

이 책에 등장한 이론에 대해 더 깊이 알아보고 싶다면, 우리 생각에 매우 큰 영향을 미친 다음의 책들을 읽어보기 바란다.

- *The Age of the Unthinkable: Why the New World Disorder Constantly Surprises Us and What We Can Do About It*, Joshua Cooper Ramo (Back Bay Books, 2010). 《언싱커블 에이지》, 조슈아 쿠퍼 라모, 알마, 2010.

- *Big Citizenship: How Pragmatic Idealism Can Bring Out the Best in America*, Alan Khazei (PublicAffairs, 2010).

- *Born to Be Good: The Science of a Meaningful Life*, Dacher Keltner (W. W. Norton & Company, 2009). 《선의 탄생》, 대커 켈트너, 옥당, 2011.

- *The Case for Big Government*, Jeff Madrick (Princeton University Press, 2010).

- *Chaos: Making a New Science*, James Gleick (Penguin, 2008). 《카오스》, 제임스 글릭, 동아시아, 2013.

- *Common as Air: Revolution, Art, and Ownership*, Lewis Hyde (Farrar, Straus and Giroux, 2010).

- *Complex Adaptive Systems: An Introduction to Computational Models of Social Life*, John H. Miller and Scott E. Page (Princeton University Press, 2007).

- *Connected: The Surprising Power of Our Social Networks and How They Shape Our Lives*, Nicholas A. Christakis and James H. Fowler (Back Bay Books, 2011). 《행복은 전염된다》, 니컬러스 크리스태키스·제임스 파울러, 김영사, 2010.

- *Deep Economy: The Wealth of Communities and the Durable Future*, Bill McKibben (St. Martin's Griffin, 2008).

- *Deep Simplicity: Bringing Order to Chaos and Complexity*, John Gribbin (Random House, 2005). 《딥 심플리시티: 카오스, 복잡성, 그리고 생명체의 출현》, 존 그리빈, 한승, 2006.

- *Democracy's Discontent: America in Search of a Public Philosophy*, Michael J. Sandel (Belknap Press of Harvard University Press, 1998). 《민주주의의 불만: 무엇이 민주주의를 뒤흔들고 있는가》, 마이클 샌델, 동녘, 2012.

- *Diversity and Complexity*, Scott E. Page (Princeton University Press, 2010).

- *Governing the Commons: The Evolution of Institutions for Collective Action*, Elinor Ostrom (Cambridge University Press, 1990). 《공유의 비극을 넘어: 공유자원 관리를 위한 제도의 진화》, 엘리너 오스트롬, 랜덤하우스코리아, 2010.

- *Growing Public: Volume 1, The Story: Social Spending and Economic Growth Since the Eighteenth Century*, Peter H. Lindert (Cambridge University Press, 2004).

- *How Markets Fail: The Logic of Economic Calamities*, John Cassidy (Picador, 2010).

- Inventing America: Jefferson's Declaration of Independence, Garry Wills (Mariner Books, 2002).

- *Liberty and Freedom: A Visual History of America's Founding Ideas (America: A Cultural History)*, David Hackett Fischer (Oxford University Press, USA, 2004).

- *Linked: How Everything Is Connected to Everything Else and What It Means*, Albert-László Barabási (Plume, 2003).《링크: 21세기를 지배하는 네트워크 과학》, 앨버트 라즐로 바라바시, 동아시아, 2002.

- *The Logic of Collective Action: Public Goods and the Theory of Groups*, Mancur Olson (Harvard University Press, 1971).《집단행동의 논리: 공공재와 집단이론》, 멘슈어 올슨, 한국문화사, 2013.

- *Moral Sentiments and Material Interests: The Foundations of Cooperation in Economic Life*, Herbert Gintis, Samuel Bowles, Robert Boyd, and Ernst Fehr, editors (The MIT Press, 2006).

- *The Nature of Technology: What It Is and How It Evolves*, W. Brian Arthur (Free Press, 2009).

- *Nudge: Improving Decisions About Health, Wealth, and Happiness*, Richard H. Thaler and Cass R. Sunstein (Penguin, 2009).《넛지: 똑똑한 선택을 이끄는 힘》, 리처드 탈러 · 캐스 선스타인, 리더스북, 2009.

- *The Origin of Wealth: Evolution, Complexity, and the Radical Remaking of Economics*, Eric D. Beinhocker (Harvard Business School Press, 2006).《부는 어디에서 오는가》, 에릭 바인하커, 알에이치코리아, 2015.

- *The Origins of Political Order: From Prehuman Times to the French Revolution*, Francis Fukuyama (Farrar, Straus and Giroux, 2011).《정치질서의 기원》, 프랜시스 후쿠야마, 웅진지식하우스, 2012.

- *The Real Wealth of Nations: Creating a Caring Economics*, Riane Tennenhaus Eisler (Berrett-Koehler Publishers, 2008).

- *Reclaiming Conservatism: How a Great American Political Movement Got Lost—And How It Can Find Its Way Back*, Mickey Edwards (Oxford University Press, 2008).

- *Seeing Like a State: How Certain Schemes to Improve the Human Condition Have Failed*, James C. Scott (Yale University Press, 1999). 《국가처럼 보기: 왜 국가는 계획에 실패하는가》, 제임스 C. 스콧, 에코리브르, 2010.

- *Self-Rule: A Cultural History of American Democracy*, Robert H. Wiebe (University Of Chicago Press, 1996).

- *The Social Animal: The Hidden Sources of Love, Character, and Achievement*, David Brooks (Random House, 2011). 《소셜 애니멀》, 데이비드 브룩스, 흐름출판, 2016.

- *The Spirit Level: Why Greater Equality Makes Societies Stronger*, Kate Pickett and Richard Wilkinson (Bloomsbury Press, 2011). 《평등이 답이다: 왜 평등한 사회는 늘 바람직한가?》, 케이트 피킷·리처드 윌킨슨, 이후, 2012.

- *The Theory Of Moral Sentiments*, Adam Smith (Kessinger Publishing, 2004, originally published in 1759). 《도덕감정론》, 애덤 스미스, 비봉출판사, 2009.

- *Trust: The Social Virtues and The Creation of Prosperity*, Francis Fukuyama (Free Press, 1996). 《트러스트》, 프랜시스 후쿠야마, 한국경제신문사, 2002.

- *Up from Conservatism*, Michael Lind (Free Press, 1997).

옮긴이의 글

그 어느 때보다 큰 기대와 염원을 한 몸에 받으며 새 정부가 출범했다. 촛불 하나에 희망을 담아 광장을 빼곡히 메운, 시민들의 열기로 뜨거웠던 겨울이 가고 찬란한 봄이 다시 찾아왔다. 우리는 안다. 누가 어떤 목소리를 내든 간에 그 모든 목소리의 끝은 '대한민국의 미래'라는 동일한 목적지를 향한다는 것을. 그리고 어느 누가 새로운 정부를 이끌더라도 우리 모두를 아우르며 이 나라의 새로운 도약기를 마련해 주길 바랬던 마음은 마찬가지일 것이다. 바로 이 시점에서 《민주주의의 정원》은 중요한 시험을 앞두고 꼭 알맞은 때에 만나게 된 족집게 과외 선생님이라고나 할까. 리우와 하나우어는 '정원과 정원사'

라는 직관적인 은유를 가져와 진정한 민주주의가 꽃피고
진정한 경제적 번영을 이룩하기 위한 방법을 제시하고
있다. 그들의 표현을 빌리자면 대한민국에는 '새로운 텃
밭'이 열린 셈이다. 그렇다면 그 새로운 텃밭에서 탐스럽
게 영근 열매를 거두기 위해서는 어떻게 해야 할까?《민
주주의의 정원》에서 저자들은 세계의 정치적·경제적 질
서를 이해하고 현대세계의 문제점을 설명할 수 있는 새
로운 용어를 제시한다. 바로 '기계형 지성Machinebrain'과
'정원형 지성Gardenbrain'이다. 요컨대 '기계형 지성'이 합
리적인 동물로서의 인간과 완벽한 등식으로 운용되는
세계를 믿는 것이라면 '정원형 지성'은 비합리적이지만
선의를 가진 인간과 생태계로서 변화하고 숨 쉬는 세계
를 믿는 것이다. 저자들은 오늘날 인간이 맞게 된 정치·
경제·사회적 위기는 기계형 지성의 산물이라고 보고 이
를 해결하기 위한 방책으로 정원형 지성을 제시한다. 역
자로서 'brain'이란 단어를 두고 '두뇌'와 '지성' 사이에
서 오래 고민했는데, 원어의 맛을 살린 '두뇌'라는 말이
아쉽긴 했지만 한 눈에 들어오는 표현을 택하는 게 더 적

합하겠다고 생각해 각각 기계형 지성과 정원형 지성으로 번역했다.

한편, 전통적인 '트리클다운 경제학'에 반기를 들며 제시된 '미들아웃 경제학'의 개념은 언제부턴가 금수저, 흙수저라는 자조적인 표현이 아무렇지도 않게 쓰이고 부의 편중으로 인한 상대적 박탈감이 심각한 사회문제를 야기하고 있는 우리나라의 상황에서도 해결책을 마련하기 위한 신선한 토대로 적용될 수 있겠다. 시기가 시기인 만큼, 이 책에서 가장 눈에 들어올 부분은 정부의 역할에 관해 다룬 제5장 〈자치의 기술〉일 듯하다. 리우와 하나우어는 정부의 목표인 '왓What'과 방식인 '하우How'를 기준으로 기존에 우리에게 익숙한 '큰 정부', '작은 정부'라는 개념을 각각 '빅 왓, 빅 하우'와 '스몰 왓, 스몰 하우'로 다시 정의내린다. 그리고 우리에게 필요한 새로운 정부로서 '빅 왓, 스몰 하우' 정부를 제안한다. 즉, 정부는 큰 그림을 그리되 그 큰 그림을 달성하는 방식에선 손길을 줄여야 한다는 것이다.

고백하건대 나는 정치냉소주의자였다. 아니, 냉소라는

쿨하게 보이는 가면을 썼지만 철저한 이기주의자였다는
것이 더 솔직한 고백이겠다. 마치 모든 세태에 환멸감을
느껴 한 발짝 떨어져 있을 뿐이라는 듯 고고한 척했지만,
사실은 바로 이 순간 내 삶이 괜찮게 굴러가고 있다면
우리집 담장 너머의 다른 세계는 어찌 되건 상관없었던
것이다. 나와 같은 고백에서 완벽히 자유로울 수 있는
사람은 그다지 많지 않으리라. 그렇게 정치를 외면하고
사회를 외면한 결과가 무엇인지 뼈저리게 알게 된 지금,
《민주주의의 정원》에서 제시하는 새로운 시민의식의 키
워드는 과거의 과오를 되풀이하지 않도록 도와줄 가이
드라인이 될 것이다.

"사회는 당신이 행동하는 대로 만들어진다"그리고
"다같이 잘살 때 우리 모두가 잘살 수 있다"는 저자들의
메세지는, 대한민국이라는 텃밭을 가꾸는 우리의 손길
하나하나에 담아내야 할 이야기일 것이다.

김문주

옮긴이 김문주

연세대학교 정치외교학과 졸업 후 연세대학교 신문방송학과 석사를 수료하였다. 현재 번역에이전시 엔터스코리아에서 전문 번역가로 활동하고 있다. 주요 역서로는 『어떻게 이슬람은 서구의 적이 되었는가』, 『거울 앞에서 너무 많은 시간을 보냈다』, 『세이프 오브 워터』, 『캣치』 등이 있다.

민주주의의 정원

초판 1쇄 발행 2017년 6월 21일
초판 9쇄 발행 2023년 6월 12일

지은이 에릭 리우 · 닉 하나우어
옮긴이 김문주

발행인 이재진 **단행본사업본부장** 신동해
편집장 조한나 **디자인** 데시그
마케팅 최혜진 이은미 **홍보** 반여진 허지호 정지연
국제업무 김은정 김지민 **제작** 정석훈

브랜드 웅진지식하우스
주소 경기도 파주시 회동길 20
문의전화 031-956-7355(편집) 02-3670-1123(마케팅)
홈페이지 www.wjbooks.co.kr
인스타그램 www.instagram.com/woongjin_readers
페이스북 www.facebook.com/woongjinreaders
블로그 blog.naver.com/wj_booking

발행처 ㈜웅진씽크빅
출판신고 1980년 3월 29일 제406-2007-000046호

한국어판 출판권 © 웅진씽크빅, 2017
ISBN 978-89-01-21708-6 03440

웅진지식하우스는 ㈜웅진씽크빅 단행본사업본부의 브랜드입니다.

* 책값은 뒤표지에 있습니다.
* 잘못된 책은 구입하신 곳에서 바꾸어드립니다.